Scheibert, Wilhelm

Wandersegeln auf

Scheibert, Wilhelm / Scheibert, Klaus

Wandersegeln auf Binnengewässern

ISBN: 978-3-86195-326-5
Erscheinungsjahr: 2010
Erscheinungsort: Bremen, Deutschland

Salzwasser-Verlag (www.salzwasserverlag.de) ist ein Imprint der Europäischer Hochschulverlag GmbH & Co KG, Fahrenheitstr. 1, 28359 Bremen. Alle Rechte beim Verlag und bei den jeweiligen Lizenzgebern.

Bei diesem Titel handelt es sich um den Nachdruck eines historischen, lange vergriffenen Buches aus dem Jahr 1928 (Berlin). Da elektronische Druckvorlagen für diese Titel nicht existieren, musste auf alte Vorlagen zurückgegriffen werden. Hieraus zwangsläufig resultierende Qualitätsverluste bitten wir zu entschuldigen.

Scheibert, Wilhelm / Scheibert, Klaus

Wandersegeln auf Binnengewässern

SALZWASSER
VERLAG

Vorspruch

———

Und wenn es nicht ums Segeln wär',
als still am Schilf zu liegen,
zu schauen, wie das Rohrhuhn taucht,
und wie die Möwen fliegen,
den Schwätzern aus dem Weg zu gehen
und keinen Narren mehr zu sehen,
es wär genug des Lob's dabei
der edlen Segelei.

Wandersegeln auf Binnengewässern

von

Wilhelm und Klaus Scheibert

Mit 22 Abbildungen

BERLIN W 62
RICHARD CARL SCHMIDT & CO.
1928

Vorwort.

Deutschland besitzt nach Kanada und Finnland die zahlreichsten für Wandersegeln am besten geeigneten Gewässer. Lange ist dies der Öffentlichkeit verborgen geblieben, und viele wissen heute noch nichts davon. Als wir mit unserem Vater vor heute etwa vierzig Jahren zum ersten Male von Berlin nach den mecklenburgischen Seen segelten, da begegnete uns nur ein Boot — ein Engländer. Es war die bekannte Kanu-Yawl „Ethel", auf der ein englischer Marinemaler Holmes unsere Binnenseen und die Ostseeküste bereiste.

Viele seiner Skizzen sind in deutschen Segelbüchern erschienen und haben andere verlockt, sich auch einmal auf solcher Fahrt zu erproben. Erst ganz allmählich hat sich solches Wanderleben quer durch die Welt der prachtvollen deutschen Binnenseen weiter verbreitet; kann man doch durch das reich verzweigte Netz unserer Wasserstraßen von Tilsit nach Basel segeln, ohne die See zu berühren. Damals war das Wasserwandern noch nicht erfunden. Wer irgendwo erzählte, daß er von Berlin nach Hamburg oder nach dem Müritzsee segeln wollte, der wurde mitleidig betrachtet und für ein bißchen „lüttiti" im Kopfe gehalten!

Heute ist das anders. Mit anderen hat vor allem der Altmeister der Feder und des Zeichenstiftes Protzen mit seinen von prachtvollem Bildschmuck strotzenden Schilderungen bahnbrechend gewirkt. Wer heute auf dem Wasser wandert, der findet zahlreiche Kameraden. In Gig und Kanu, in Jolle und Yacht segeln, paddeln, rudern und treideln sie. An lieblichen Flecken winken lustige Wimpel vor den Zelten, in stiller Waldbucht ankert am Schilf das kleine Kajütboot, von Wasserhuhn und Taucher mißtrauisch beäugt.

Ein solches Seglerleben auf dem Wasser schafft eine Fülle von Erfahrungen, die dem Kundigen manche Anregung geben, dem Neuling unliebsame Überraschungen ersparen können. Kein Leitfaden der Segeltechnik soll hier gegeben werden, der Segler,.

der auf lange Wanderfahrt geht, muß mit seinem Boot völlig vertraut sein, nur hier und da Winke über besondere, vielen Binnenseglern wahrscheinlich unbekannte Vorkommnisse. Vor allem werden die Eignung der verschiedenen Segelfahrzeuge und ihre Besonderheiten, ferner Unterkunft, Verpflegung und Ausrüstung und zuletzt die Eigenarten der verschiedenen Gewässer einer eingehenden Betrachtung unterzogen.

Was die beigefügten Zeichnungen der verschiedenen Arten von Wanderbooten — meist vom Reißbrett des Schiffbau-Ingenieurs Harold Tapken — anlangt, so möchten wir betonen, daß es uns nur darauf ankam, die verschiedenen Typen in ihrer Eigenart und Brauchbarkeit besonders herauszustellen. Sie sind ohne Rücksicht auf Klassen und dergleichen entworfen, sondern lediglich mit Rücksicht auf ihre Eignung als Wanderfahrzeug. Die Inneneinrichtung ist daher nur angedeutet, denn hier will in den meisten Fällen jeder nach seiner Art selig werden.

So lassen wir dies Werkchen von Stapel in der sicheren Hoffnung, daß es Tausende verlocken wird, sich auf den blauen Fluten zu tummeln, um Hast und Staub des Alltagslebens in der allgütigen Mutter Natur von sich zu streifen.

Berlin-Lichterfelde, Frühjahr 1928.

Inhaltsverzeichnis.

A. Allgemeines.

---

1. Das Fahrzeug.

Je nach der Gemütsart und körperlichen Fähigkeit wählt der Wasserwanderer sein Fahrzeug. Wir sehen von den Ruderern und Paddlern ab und beschäftigen uns nur mit der edlen Segelei. Fangen wir bei den Kleinsten an, so treffen wir Kanu und Gig. Bei ihnen spielt zwar auch meist Paddel und Riemen eine gewisse Rolle, aber es gibt Fahrzeuge dieser Art, die ausgezeichnet segeln — aber leider nur wenig Leute, die diesen Vorzug auszunutzen verstehen. Andererseits werden gerade bei für Wanderzwecke entworfenen Kanus und Gigs von den Konstrukteuren große Fehler gemacht, die ihre Wandereigenschaft stark beeinträchtigen. Auch darauf soll hier kurz eingegangen werden.

Jedes Wanderfahrzeug wird auf einer längeren Fahrt natürlich mit Gepäck viel stärker belastet. Auf jeden Mann kann man bei längeren Fahrten an allgemeiner Ausrüstung, Proviant, Decken, Zelt und Kochtöpfen, Wein, Wasservorrat und dergleichen etwa 30—50 kg rechnen, das sind bei einer für drei Personen bestimmten Wandergig also 100—150 kg Mehrgewicht. Sind diese beim Entwurf eines kleinen Bootes nicht in Betracht gezogen worden, so schwimmt es viel tiefer, als die Konstruktionswasserlinie anzeigt, der Freibord ist ungenügend; dadurch wird das Boot in bewegtem Wasser unter Umständen gefährdet. Um diese „Zuladefähigkeit" des Bootes zu erreichen, müßte man also das Boot höher oder breiter bauen.

Aus langjährigen Erfahrungen heraus würde ich immer zu der größeren Breite raten. So kann man bei Segelkanus und -gigs unbedenklich bis zu 1,40 hinaufgehen. Das Boot rudert sich immer noch leicht genug, gewährt aber durch seine größere Stabilität und die Ausdehnungsmöglichkeiten aller

Insassen einen ganz erheblich bequemeren Aufenthalt. Vor allem kann es mehr und damit höhere Segel tragen, und seine seglerischen Leistungen wachsen in ganz erstaunlichem Maße. Allerdings muß der Konstrukteur auch für ein hinreichend großes Schwert, am besten in Halbkreisform, sorgen. Es kann ruhig, wie bei unseren Jollen, oben etwas aus dem Schwertkasten herausragen.

Sehr wichtig ist es, daß Schwert und Mast an der richtigen Stelle stehen, d. h. wo sie hingebaut werden müssen, um die besten Segeleigenschaften zu ergeben. An diesem Grundsatz sollte man niemals zugunsten der Bequemlichkeit an Bord rütteln.

Weiter sollen Mast und Spieren den Anstrengungen einer langen Wanderfahrt gewachsen sein. Eine sachgemäße Abstützung des Mastes durch Wanten und Stagen macht sich neben der größeren Festigkeit auch durch bessere Segeleigenschaft und längere Lebensdauer des Fahrzeuges bezahlt.

Ein gut lackiertes Deck und Planken sieht sehr nett aus. Aber dem raschen Wechsel zwischen glühender Hitze und kalten Duschen ist auf die Dauer auch der beste Marineleim nicht gewachsen. Viel praktischer ist das vor der Fahrt nochmals dünn gestrichene Leinewand-Deck. Es ist unbedingt wasserdicht, wenn man die Fugen des Deckluks sorgfältig nachdichtet. Nichts ist aber unangenehmer wie ein undichtes Deck, ungemein viele und teure Sachen werden dadurch nutzlos verdorben.

2. Die Besegelung.

Die den hier gebrachten Rissen von Wanderfahrzeugen beigegebenen Segelzeichnungen deuten an, wie sich die betreffenden Konstrukteure die Besegelung vorgestellt haben, es kommen dabei für die Binnensegler einige besondere Gesichtspunkte in Betracht, die wir kurz erörtern möchten. Die hohen Abdeckungen der Ufersträucher, Kanaleinfassungen und dergleichen machen eine recht hohe Besegelung wünschenswert. Sie kommt in der Hochtakelung der Kanus am besten zum Ausdruck. Ein Übelstand für größere Fahrzeuge ist der lange, schlecht verstaubare Hochmast. Für die Wanderdingy sowie die Gig, die ja auf die Fortbewegung durch Rudern größeren Wert legen, halten wir das steile Luggersegel, bei dem Mast, Raa und Baum gleiches Maß haben und daher leicht wegzustauen sind, für sehr zweckmäßig.

Dieses für kleine Wanderboote aller Art sehr praktische Segel ist leider ganz ins Hintertreffen geraten. Vermutlich, weil die wenigsten imstande sind, es richtig hinzusetzen. Der Stropp für den Mastring muß etwa in der Mitte der Raa sitzen, nicht, wie man's meist sieht, an dem unteren Ende. Der am besten nach vorn als gleichzeitige Abstützung zu führende Fall wird

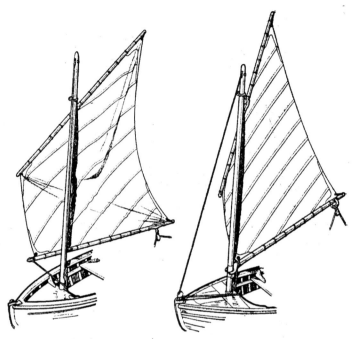

Abb. 1. Falsch und richtig gesetztes Luggersegel.

gut durchgesetzt. Das eigentliche Trimmen des Segels geschieht durch das steife Ansetzen des Halses, bis das Segel zwischen Hals und Raanock Runzeln bekommt.

Im übrigen muß der Mast unbedingt die für einen guten Stand der Segel erforderliche Länge haben. Hiergegen wird oft gesündigt, weil man den Mast zu kurz bemißt, um möglichst unter allen Brücken durchzukommen, ohne diesen legen zu müssen. So haben z. B. die für Wanderfahrten sonst recht geeigneten, sogenannten „Wendel-Kreuzer" mit ihrem etwa 25-qm-Segel einen zu kurzen Mast. Die überlange Gaffel wird vom Piekfall zu weit unten gestützt und weht dann zu weit aus. Lieber mache man den Mast hohl und damit leichter; wo dies nicht ausreicht, bilde man das Vorstag nach holländischem Muster als Mastlegevorrichtung aus. Beim Passieren einer Brücke wird der Mast nicht gelegt, sondern mit stehenden Segeln nur soweit geneigt, daß er gerade unter der Brücke durchgeht. Ein geschickter Segler wird, zumal stromab, auch beim Aufkreuzen bei nur einigermaßen breitem Brückendurchlaß diesen ohne weiteres passieren. Damit ist der Aufenthalt durch eine Brücke kaum nennenswert.

Aber was sieht man da oft für Bilder? Nicht nur größere Boote, sondern auch Jollen machen am Ufer fest, nehmen die Segel herunter, werfen die Wanten und Stage los, um sich die 5—10

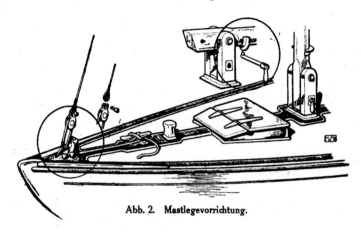

Abb. 2. Mastlegevorrichtung.

Meter unter der Brücke durchzustaken. Dann wird wieder festgemacht und Mast und Segel gesetzt. Auf stromlosen Gewässern ist das noch ein leichtes Manöver, wer aber z. B. auf der starkströmenden Elbe zweimal am Ufer festmachen oder ankern will, der braucht geraume Zeit, in der ein anderer, der mit schnell geneigtem Mast die Brücke passiert hat, längst über alle Berge ist. So ausgerüstete Fahrzeuge scheuen auch brückenreiche Kanalfahrten nicht. Der Hohenzollern-Kanal mit seiner West-Ostrichtung wird z. B. bei raumem Wind viel angenehmer unter Segel als im Schlepp passiert. Die gut eingeübte Mannschaft legt bei jeder Brücke Mast und Segel ohne jede Mühe. Man ist sein eigener Herr und meist schneller als der Schleppzug.

Weiter soll der Mast bei einem Wanderboot stets Fall nach vorn haben. Das Segel hat dann bei dem leichtesten Hauch das Streben nach außen zu gehen, während es bei einem nach achtern geneigten Mast stets nach der Bootsmitte kommen will. Das gibt die immer wieder zu schauenden schauderhaften Bilder, wie ein Mann der Besatzung stunden-, ja tagelang an dem Baum steht oder sitzt und ihn nach außen drückt. Durch den nach vorn gestagten Mast wird die Piek steiler, die schneidende Fläche am Wind wird dadurch größer, das Unterliek hebt sich, das gesamte Segel erhält einen besseren Stand. Außerdem wird die auf breiten Schwertbooten bei viel Wind stets zu findende Luvgierigkeit erheblich herabgemindert. Auf allen Fischerbooten und vielen englischen Rennyachten finden wir, nebenbei bemerkt, stets den oft stark nach vorn gestagten Mast.

Eine für Wanderungen bestimmte kleine Yacht oder Jolle würde ich aus meinen Erfahrungen heraus stets als Sloop mit nicht zu langer Gaffel takeln. Abgesehen davon, daß dieser Rigg raumschots schneller ist als die Hochtakelung, bietet sie durch das Werfen der Piek, wodurch die Großsegel um etwa die Hälfte verringert wird, die Möglichkeit einer raschen Verkleinerung der Segelfläche ohne die Manövrierfähigkeit zu verlieren. Bei böigem Wetter beim Ansegeln kleiner unbekannter Häfen und bei vielen anderen Gelegenheiten ist das sehr angenehm.

Hierbei sowie in anderen Fällen ist die den Großbaum stützende Dirk eine sehr angenehme Vorrichtung, um den Baum schneller aus dem Wege zu schaffen. Gerade auf Wanderbooten wird man die Annehmlichkeit zu schätzen wissen, daß bei Wegnahme des Großsegels dieser nicht in das Boot hineinfällt. Eher kann man bei einem vernünftig geschnittenen Gaffelschuh die Flaggleine entbehren, die sich mit ständiger Bosheit beim Segelsetzen über der Ruderpinne oder einem anderen vorstehenden Gegenstand verfängt. Da man meist nur tagsüber segelt, macht man die Flagge an ihrem Platze fest an, darf sie aber nicht ins feuchte Segel mit einwickeln, da das Rot oft nicht waschecht ist und dann seine Spuren auf dem Segel hinterläßt.

Große Vorsegel sind für ein Wanderfahrzeug sehr angenehm, auch für Rennboote beginnt man ihre Vorzüge neuerdings zu erkennen. Mit ihrer scharfen Vorkante schneiden sie die Luft gut und sind für ein gutes Kreuzen unentbehrlich. Wenn es an das Reffen geht, so soll immer zuerst das Großsegel heran; erst, wenn es gar nicht mehr anders geht, verkleinert man auch die Vorsegel. Ebensogroß sind ihre Vorzüge, wenn es raumschots geht. Sie entlasten das Boot vom Ruderdruck und machen es schneller. Daher ist für längere Raumschotsfahrten ein Außenklüver sehr angenehm. Auf einem einfachen eventuell behelfsmäßig anzubringenden Klüverbaum gefahren, entlastet er das Boot vom Steuerdruck und erhöht damit seine Schnelligkeit in ganz erstaunlichem Maße. Man reffe daher auch hier bei viel Wind lieber das Großsegel, lasse aber den Klüver solange als möglich stehen.

Sehr angenehm ist auch ein großer, sehr leichter Ballon, der von der Mastspitze aus gefahren wird. Er ist bei leichtem Winde ein sehr brauchbares Hilfssegel, das ungemein vorwärts hilft. Die einfache Schot sei aus dünnen Baumwollen, damit bei leichtem Winde ihr Gewicht nicht das Zurückfallen des Ballons herbeiführt. Er ersetzt uns auch bei langer Strecke, die platt vor dem Laken zurückgelegt werden muß, die Breitfock. Man nimmt das Groß-segel fort, schäkelt es mit seinen Stagreitern an dem recht steif durchgesetzten Drahtstrecker des Piekfalles und vermeidet das bei viel Wind recht unangenehme Halsen, ohne wesentlich an Fahrt einzubüßen.

Unentbehrliche Dienste leisten die Wanten und Ab-stagungen. Einmal verhindern sie den verhältnismäßig dünnen Mast am Durchbiegen und bewirken dadurch einen guten Stand der Segel, dann aber verteilen sie auch den Druck der Segel auf verschiedene Stellen im Boot. Gerade bei Wanderbooten ist dies sehr wichtig, da sie oft lange Zeit auf einem Schlage liegen, wobei einige Bootsteile lange und stark beansprucht werden. Wer z. B. bei frischem Nordwest von Dievenow nach Stettin segelt, der liegt während der einen ganzen Tag beanspruchenden Fahrt stets auf Backbordbug. Die ganze Zeit drückt dabei ein unabgestützter Mast stark auf die eine Seite der Mastspur und damit auf die Back-bordseite.

Diese für die Haltbarkeit des Bootes zweifellos schädliche Wirkung wird noch erhöht durch das Heben und Senken in den Wellen, was den Druck bald erhöht, bald niedriger werden läßt. Darum fängt der erfahrene Wandersegler diese schädliche Wir-kung durch ein starkes, weit nach hinten gesetztes Backstag auf. Es nimmt als eine Art Verspannung das Achterschiff mit und ent-lastet Mastspur und Wanten von dem starken, zermürbenden Druck. Ich bin sonst ein ausgesprochener Feind der vielen „Strippen" und lasse bei gewöhnlichen Nachmittagsfahrten das Backstag weg. Sowie es sich aber um längere Fahrten handelt, muß ein solches vorhanden sein.

Ein Topsegel ist bei solch' kleinen Booten überflüssig. Mit seiner Raa nimmt es eine Menge kostbaren Platzes fort, erfordert an Fall, Schoten und Hals eine Menge Tauwerk und muß, wenn es aufbrist, doch bald weggenommen werden.

Nicht unbedingt notwendig, aber sehr empfehlenswert ist eine etwa 1 m spreizende, derbe Saling. Sie stützt den Masttop gegen die seitliche Beanspruchung durch den Piekfall, gewährt die große Annehmlichkeit eines breiten Durchgangs zwischen Mast und Wanten und hält beim Mastlegen das Tauwerk besser klar. Zu Wanten und Vorstag wählt man starken Stahldraht, auf den man

14

sich unbedingt verlassen kann; nichts ist unangenehmer, als wenn in frischer Brise plötzlich hier etwas bricht, und der Mast über Bord geht.

Die Stellen, wo die Schoten belegt werden, bedürfen sorgfältiger Erwägung. Sie sind einmal sehr wesentlich für den Stand der Segel und damit für den Fortgang des Bootes, dann aber müssen sie so bequem liegen, daß sie ohne Mühe erreicht werden können. Aus alter Erfahrung werden starke, hölzerne Koffeinägel unter dem Setzbord, dicht beim Rudersmann, angebracht. An ihnen wird

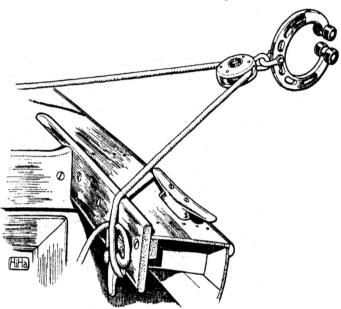

Abb. 3. Großschot mit Slipsteg.

die Schot rasch und fest, aber ebenso schnell und bequem lösbar mit einem Slipsteg belegt. Ein breiter Leitwagen begünstigt den guten Stand des Segels beim Kreuzen. Eine sachgemäße Führung der Großschot ist aus der Zeichnung „Die Segeljolle" zu ersehen. Bei dieser Art wird der Rudersmann beim Überstaggehen nicht von der Großschot belämmert.

Die Kauschen, durch die die Vorschoten fahren, sind vom Bootsbauer meist zu weit vorn und zu nahe der Bootsmitte angebracht. Hier nehme man nötigenfalls den Rat des Segelmachers oder eines erfahrenen Segelkameraden in Anspruch. Ihr Sitz ist so einflußreich auf den richtigen Stand des Vorsegels, das sich auf diesem Wege korrigieren läßt, so daß auf Rennbooten mit großem Vorsegel die Vorschoten auf Auslegern gefahren werden.

Die Fallen führen zweckmäßigerweise an Drahtstreckern, von einer kleinen, wagerechten Nagelbank am Mast mit starken Koffernägeln nach oben. Der Draht reckt und dehnt sich unter dem Einfluß der Witterung nicht, so daß auf langen Strecken ein Nachsetzen der Fallen überflüssig wird. Auch hier ist der feste und doch rasch lösbare Slipsteg die gegebene Befestigung.

Der Hals wird an einem kurzen Ende, der nach einer Klampe auf der Achterseite des Mastes führt, gestreckt, er muß stets steif durchgesetzt sein, was Anfänger oft versäumen, wodurch die Schärfe der Vorkante des Segels leidet.

Über den Einbau eines Luks im Vordeck sind die Ansichten geteilt. Falls zwei Mann der Besatzung dort ihre Schlafstätte haben — und diese sind dort sehr gut untergebracht — scheint ein Luk sehr empfehlenswert, schon weil diese sonst einen weiten Anmarsch auf allen Vieren machen müssen. Auch bei Fahrzeugen über etwa 6½ m Länge macht die Länge der Eindeckung ein Luk zum Verstauen und noch mehr zum Herausholen von Sachen sowie zur Lüftung sehr willkommen. Andererseits muß man berücksichtigen, daß jeder Einschnitt in das Deck eine Schwächung desselben bedeutet und daß an solchen Stellen das Wasser einen gerade bei Schlafplätzen doppelt unerwünschten Einlaß findet. Kleinere Boote werden daher besser ohne ein Luk auskommen.

Ähnliches gilt von der Ankerklüse, sie ist an sich sehr angenehm, ist aber nicht unbedingt notwendig. Auf kleineren Booten fährt man die Ankertrosse durch die Lippklampe und belegt sie am Mast.

Die Reffvorrichtung soll einfach und zuverlässig sein. Je kleiner die Segelfläche, um so besser muß sie stehen. Aus allen diesen Gründen bin ich unbedingt Anhänger des altmodischen und daher auf den meisten Binnenyachten verpönten Bindereffs. Es ist absolut zuverlässig, was man von den Patentreffs nicht unbedingt behaupten kann. Von geübter Hand wird das Segel fast ebenso rasch gerefft, wie mit der Patentvorrichtung, dafür steht es glatt wie ein Brett, während bei Patentreffen das in der Mitte stärker aufgerollte Tuch einen Bauch im Segel ergibt. Das Bindereff ist bei Wanderbooten um so mehr angebracht, als die Segel, wie bereits erwähnt, hoch und schmal geschnitten sein sollen, so daß der für die Takelage empfehlenswerte Grundsatz „nichts außenbords" voll durchgeführt werden kann.

Warnen möchte ich dagegen vor der eine Zeitlang herrschenden Idee, kleine Jollen und ähnliche Fahrzeuge der größeren Handigkeit wegen als Yawl zu takeln. Der kleine Treiber wirkt am Wind so gut wie gar nicht, der Auslegerbaum für die Schoten des Besan beeinträchtigt das bequeme Landen, das Ganze ist durchaus verfehlt. Etwas anderes ist es bei den an sich längeren und schmäleren Segelkanus und vor allem bei den langen Gigs. Hier ist es für das schmale und lange Boot sehr dienlich, wenn der harte Druck, den der Mast auf das leichte Boot ausübt, auf zwei Stellen verteilt und dieses somit geschont wird. Außerdem stehen die Segel soweit auseinander, daß der Abwind des Großsegels keine schädliche Wirkung mehr auf das Treibersegel ausübt.

Bei der an sich schon kleinen Segelfläche in Kanu und Gig muß aller unnötiger Luftwiderstand nach Möglichkeit verringert werden. Auf den früheren Wettfahrten der großen Schoner „Meteor", „Germania" u. a. lag beim Aufkreuzen die ganze unbeschäftigte Mannschaft an Deck, um den Luftwiderstand möglichst zu verringern. Bei unseren segelnden Gigs sieht man dagegen oft die gesamte Bemannung beim Kreuzen aufrecht sitzen, ja am Ruder sieht man oft sogar eine große Rückenlehne, und achtern weht eine mächtige Flagge, die natürlich auch stark hemmt. Eigner und Mannschaft wundern sich, wenn die Boote nicht gegen den Wind angehen wollen.

Am Winde darf von Luv aus in einem kleinen Fahrzeug, Gig, Kanu oder Jolle, nur das Auge des Mannes am Ruder zu sehen sein. Alles andere ist vom Übel. Nur bei sehr viel Wind wird ein Mann als Luvballast hochkant beordert.

Die wesentlichen Eigenschaften einer für Wanderboote geeigneten Takelage sind kurz zusammengefaßt: hohe, leichte und gutstehende Segel, alle anderen Spieren dagegen möglichst kurz, bequeme Mastlagevorrichtung, auf Jollen und Kanus keine Patentreffer, sachgemäße Führung der Großschot, so daß sie beim Übergehen den Mann am Ruder nicht belästigt.

Die Hochtakelung ist durch ihre einfache Bedienung sehr angenehm, aber bei Wanderfahrten mit den vielen Schleusen sehr bedenklich. Oft liegt das Boot gerade über dem Schleusenbrunnen und das von dort mit großer Gewalt aufströmende Wasser wirft das Boot in ganz unerwarteten Sprüngen hin und her, bei welcher Gelegenheit der gelegte, achtern weit über das Boot vorstehende Mast sehr leicht havariert wird.

Noch ein Wort zur Behandlung der Segel. Häufig sieht man Boote, auf denen bei langer Rast der Bequemlichkeit halber die Segel stehen bleiben. Sonnenschein und das Flattern im Wind sind aber neben feuchtwarmer Nässe, die das Verstocken herbeiführt, gefährliche Zerstörer des Tuches, ganz abgesehen davon, daß sich das Zeug durch das so beliebte Fieren der Piek bei gleichzeitigem Holen der Dirk vertrimmt. Es empfiehlt sich also, bei jedem längeren Halten die Segel wegzunehmen und mit der Persenning vor Sonne und Regen zu schützen.

Wer sich ein richtiges Wanderfahrzeug bauen lassen will, der scheue die paar Mark nicht und wende sich an einen, auf diesem Gebiet erfahrenen Konstrukteur. Der Selbstentwurf oder gar Selbstbau eines solchen unter Berücksichtigung der verschiedensten Anforderungen auszuführenden Fahrzeuges führt unter 99 von 100 Fällen zu einer Mißgeburt, die ihren Ursprung und ihre Fehler niemals verleugnet, dem Inhaber daher mehr Ärger wie Freude macht und gar nicht, oder nur zu sehr niedrigem Preise verkäuflich ist. Ein sachgemäß durchkonstruiertes, gut gepflegtes Boot behält dagegen immer seinen guten Preis.

Leicht hat es der Konstrukteur eines Wanderbootes wirklich nicht. Während z. B. bei einer Rennyacht unter Innehaltung der betreffenden Vorschriften nur die Schnelligkeit maßgebend ist, sollen bei einem Wanderboot die verschiedensten, oft ganz entgegengesetzten Wünsche berücksichtigt werden: Wohnlichkeit und viel Stauraum, möglichste Schnelligkeit bei geringer Segelfläche, größte Stabilität bei geringstem Tiefgang, Seetüchtigkeit u. a. mehr. Aus langjähriger Erfahrung heraus müssen diese sorgsam gegeneinander abgewogen werden, während der Selbstkonstrukteur sich meist zum Schaden des ganzen von irgendeinem Fimmel leiten läßt — und dann zu spät erkennt, daß, wie überall, so auch beim Konstruieren eines Bootes (und noch mehr beim Bau), das altbewährte Wort: „gelernt ist gelernt" seine volle Geltung hat.

Die Mannschaft.

„Drei machen eine Kumpanei" sagt sehr treffend ein altes Wort. Gerade für die verhältnismäßig kleinen Fahrzeuge, wie sie zu Wanderfahrten auf Binnengewässern verwendet werden, scheint diese Zahl sehr glücklich gewählt. Es gibt ja auch Eigenbrötler, die am liebsten allein ihre Bahn ziehen, weil ihnen da niemand drein reden kann, es gibt auch Leute, die aus irgendwelchem Grunde gern paarweise leben, aber erst bei dreien kommt's zum wahren Genuß.

Ein Beispiel. Da landet das Boot bei sinkender Sonne an einem hübschen Platze zum Abkochen und Nachtruhe. Von den drei Mann wandert der erste mit Korbflasche und Rucksack zum nahen Dorf, um Frischwasser, Milch, Brot, Butter und Eier einzuholen. Der zweite hebt den Kochgraben aus, sammelt und zerkleinert das Holz und macht Feuer. Der dritte sucht den Proviant und die Töpfe aus dem Boot und setzt den Wasserkessel auf. Dann bereiten diese beiden das Nachtlager im Boot oder Zelt vor. Nach einer

18

Stunde ist abgefuttert und abgewaschen; am lodernden Feuer wird beim Glase Grog noch ein Garn gesponnen, ein paar schwermütige Lieder zur Klampfe gesungen, und dann geht alles in die sorglich vorbereitete „Baba". Der Eingänger dagegen schuftet bis spät in die Dunkelheit hinein und kriecht abgehetzt in das infolge der mittlerweile eingetretenen Finsternis nur mangelhaft aufgeschlagene Zelt. Allein — eine Schufterei, zu Zweien — eine Arbeit, zu Dreien — eine Freude, das ist das A und O der Mannschaftsfrage. Schon der vierte Mann ist aber überflüssig; je mehr Köpfe, je mehr Meinungen, je weniger wird zugefaßt.

Allerdings müssen die drei einander genau kennen und auf denselben Grundton des Charakters eingestimmt sein. Beseelt von herzlicher Kameradschaft und voll gegenseitiger Rücksichtnahme. Dann wird solche Fahrt zu einer frohen Ferienzeit und führt zu lebenslangem Freundschaftsbund. Ermangelt aber nur ein Teilnehmer dieser durchaus notwendigen Eigenschaft, so kann die Fahrt zu einem zeitlichen Fegefeuer werden, dem man möglichst bald auf diese oder jene Art ein Ende machen sollte.

Gerade für unsere Jugend gibt es kaum etwas Schöneres, das zugleich erziehend und bildend wirkt, als das Wandersegeln. Sie lernt Strapazen leichter ertragen, wird mit dem Wesen des Bootes und der Segelei bald innig vertraut, und jeder Tag bringt neue Reize. So werden ihr solche Fahrten unter Leitung eines Führers, der im Herzen selbst noch jung geblieben und sich dies für die Jugend bewahrt hat, zu köstlichen, unverlöschbaren Lebenserinnerungen.

3. Die Ausrüstung.

Im folgenden wird die Ausrüstung behandelt, die besonders für das Wandersegeln in Frage kommt.

Hierzu gehört eine sachgemäße Treidelleine von etwa 40 m Länge und — um Gewicht zu sparen — von nur mäßiger Stärke. Sie wird am besten um den kurzen Treidelstock „aufgewickelt" und ruht verwendungsbereit im Vorschiff. Halb so lang, aber stärker, ist die Schleppleine, mit der man sich hinter dem Dampfer festmacht, sie hat oft einen erheblichen Druck auszuhalten. Nichts ist unangenehmer, als wenn man, an einem Schleppzug hängend, es sich bei Regenwetter unter dem Zelt gemütlich macht, und dann die Schleppleine plötzlich bricht und das Boot hilflos dem Schicksal überläßt, während die anderen lustig davonziehen. Man leiste sich aus diesem Grunde vor jeder Wanderfahrt zu diesem Zwecke ein neues Ende und wird es nicht bereuen. Die alten Schlepptrossen können als gewöhnliche Festmacheleinen immer noch verwendet werden.

Ähnliches gilt von der Ankertrosse, die auf kleinen Booten immer einer Kette vorzuziehen ist. Nach jedem Ankern soll sie sorgfältig getrocknet werden. Dies ist aber bei feuchtem Wetter nicht immer möglich, und das nasse Tau verrottet dann in dem sehr warmen Vorschiff recht schnell, ohne daß man es ihm äußerlich anmerkt.

Zu jedem Wanderfahrzeug gehören ein paar starke, schöne Riemen, ein Bootshaken und ein paar einfache Paddel; Haken und Paddel liegen griffbereit in der Plicht, die seltener gebrauchten Riemen hängt man am besten seitlich unter dem Setzbord auf. Sie sind dort niemandem im Wege und doch rasch zur Hand.

Beim Stromabschleppen auf starkströmenden Gewässern, wie z. B. auf der Elbe, muß man stets einen Anker im Achterschiff klar zum Werfen haben. Ist nämlich der Schleppzug aus irgendeinem Grund zu einem plötzlichen Halt gezwungen — bei dem flachen, stark gewundenen, verkehrsreichen Fahrwasser der Elbe ein sehr häufiger Fall —, so werfen sämtliche geschleppten Kähne die Heckanker aus. Falls man dies unterläßt, so drückt die starke Strömung das Boot sofort auf das voraus ankernde Fahrzeug. Ein Vorkommnis, das zu starken Havarien, bei kleinen Booten sogar zu schweren Unfällen führen kann.

Im übrigen sei auf Grund langjähriger Erfahrungen vor den in vielen Spezialgeschäften angebotenen klappbaren Patentankern gewarnt. Der gewöhnliche sogenannte Admiralitätsanker mit zwei Flunken und Stock, wie wir ihn als Sinnbild der Seefahrt kennen, ist ebenso handlich und leicht zu verstauen. Er hält im Verhältnis zu seinem Gewicht mindestens ebenso fest wie ein Patentanker und greift mit seiner Flunke auch durch Krautbetten und Schlick, wo die „Patentanker" völlig versagen.

„Hip hip Hurra" von Eduard Keller ist der Reiseführer für Binnensegler. An Zuverlässigkeit und Reichhaltigkeit ist das Werk unübertroffen. Als Kartenmaterial empfiehlt sich Klasings Binnenatlas der Wasserstraßen. Wer über bestimmte Gebiete unterrichtet sein will, der kaufe sich als Ergänzung die Generalstabskarte der betreffenden Gegend. Bei Fahrten über ein Haff ist die betreffende Seekarte unentbehrlich. Betonnung und Seezeichen sind zu beachten, was z. B. für die nicht leicht zu findende Ansegelung der Dievenow vom Stettiner Haff aus notwendig ist.

Ein Kompaß scheint mir auf Binnengewässern, selbst bei Haffahrten, entbehrlich. Ein Fluidkompaß ist im Verhältnis zur Seltenheit des Gebrauches zu teuer, zu schwer und zu raumfressend. Ein Taschenkompaß ist zu unruhig, versagt bereits bei etwas Seegang, wird aber immerhin bei Nebel wieder notwendig. Mit einem kleinen Boot wird man sich nicht gerade einen Nebeltag aussuchen, um ein Haff oder die Müritz zu überqueren, aber Nebel treten oft unerwünscht und schnell auf.

Sehr angenehm ist aber ein durchaus wassersicherer, mit Gummi abgedichteter Blechkasten. Hier bewahrt man die Schiffspapiere (das Standerzertifikat ist ein überall Vertrauen erweckendes Dokument), Bücher, Karten, Zigarren, Streichhölzer und die Kriegskasse auf.

Als Bordbeleuchtung hat eine zusammenlegbare, dreieckige, für Kerzen eingerichtete Laterne stets ausgereicht. Uns alten Seglern genügte in der Jugend ein in den Schwertkastenschlitz eingeklemmter Lichtstummel.

Ein kurzes Wort noch über die Bekleidung. Neben dem landfeinen Päckchen, das in einem Flachkoffer gegen Nässe geschützt im Vorschiff untergebracht ist, genügen Hemd, Hose und Segelschuhe, dazu ein weißer Leinenhut. Ganz verkehrt ist es, an sonnigen Tagen im Badetrikot und barhaupt herumzulungern. Der Anfänger erleidet dadurch oft schwere und sehr schmerzhafte Verbrennungen durch die Sonnenstrahlen, und manch' einer hat aus diesem Anlaß schwer fiebernd die Weiterreise bald nach Beginn aufgeben müssen. Auch an den heißesten Tagen schützt sich der Erfahrene durch Hut und Kleidung gegen diese Gefahr.

Koffer, Wäschesack und dergleichen vor Nässe zu schützende Sachen hängt man am besten an einigen mittschiffs unter Vordeck oder an einem in den unteren Teil des Mastes eingeschraubten, nicht zu kleinen Messinghaken auf. Sonst rutschen diese Gegenstände gelegentlich bei harter Lage des Bootes nach Lee und werden dort unter Umständen von dem durch Spritzer eingenommenen Bilgewasser durchfeuchtet, was den landfeinen Hemden ihren besten Reiz nimmt.

Ölzeug ist auf kleinen Booten ein platzraubender Luxusgegenstand. Ein alter Militärmantel leistet die gleichen Dienste und kann nachts noch zum Zudecken dienen. Bei Regen spielt der richtige Wandersegler einen Dauerskat, schreibt im Loggbuch oder — schläft.

Dieser oder jener wird sich vielleicht wundern, daß in diesem Buche nirgends von dem gerade für Wanderfahrten so praktischen Motor in irgendwelcher Form die Rede ist. Diese Leute zeigen nur, daß sie für die innersten Reize solcher Wanderfahrt kein Verständnis haben, ganz abgesehen davon, daß ein Motor an Bord eines so kleinen Fahrzeuges immer ein schwieriges, feuergefährliches, unzuverlässiges Ding ist. Der Wandersegler will ja nicht mit Gewalt irgend wohin, er treibt dahin, wo der Wind ihn hinweht. Setzt der Wind aus, nun gut, dann wird das Zelt übergezogen oder am Ufer gelandet, Schachbrett, Skizzenblock oder Loggbuch herausgeholt. Zeit haben, das ist ja die Freude und die Erholung. Und gerade die kleinen Hindernisse, Brücken, Kanalstrecken mit Gegenwind, bringen Abwechslung, mal muß gerudert oder getreidelt werden, das macht die steifen Glieder wieder gelenkig.

Wer solche Fahrten mit einem brauchbaren Motor im Segelboot unternimmt, der setzt zunächst keine Segel mehr, später läßt er den Mast gelegt, auf der nächsten Fahrt nimmt er die platzraubende Takelage erst gar nicht mehr mit, und ein Jahr darauf, da saust er wie ein Wilder auf einem richtig gehenden Motorboot mit viel Lärm und Gestank durch die schönsten Gegenden. An Stelle der Poesie des Wandersegelns ist die ratternde Maschine getreten. Als ob man nicht im Großstadtleben das ganze Jahr hindurch schon genug davon hätte. Für solche Gemütsmenschen ist dieses Buch nicht geschrieben.

Viel näher stehen uns die Ruderer und Paddler, die mit eigener Kraft sich den Weg durch die einsame Schönheit suchen. Ein stolzes Wort. Aber wer durch herrliche Sommertage vor einer leichten Brise lautlos dahinsegelnd ungestört den vollen Genuß der bald lieblichen, bald gewaltigen Landschaft in sich aufnehmen durfte, der wird den Zauber solcher Stunden ebensowenig missen wollen, wie den Kampf mit den aufgeregten Elementen, wenn das brave Boot hart übergeneigt sich den Weg durch die Wellen bahnt, daß der weiße Gischt nur so über das Vorschiff sprüht.

Bei aller Abneigung, die der rechte Wandersegler gegen den Motor an sich besitzt, so wird doch mancher aus persönlichen Rücksichten oder aus Zeitmangel seine Zuflucht zu dem notwendigen Übel nehmen müssen. Der Berliner Segler z. B., der noch das mecklenburgische Seengebiet bereisen will, hat erst eine große Strecke der engen, langweiligen, brückenreichen, kanalisierten Spree und Havel, zum Teil stromauf, zu passieren. Bei Gegenwind kann es ihm passieren, daß er eine Woche und mehr seiner kostbaren Zeit daran wenden muß, Schlepperhilfe ist meistens nicht zu erlangen.

Da leistet der Schacht- oder Anhängemotor ersprießliche Dienste, bis man etwa in der Gegend von Fürstenberg die Seenkette erreicht hat, wo man ihn evtl. bei dem dortigen Seglerverein abgibt, um ihn auf der Rückreise wieder an Bord zu nehmen. Wir bemerken dabei, daß unsere deutschen Bootsmotoren einen solchen Grad der Entwickelung erreicht haben, daß sie jedem ausländischen Wettbewerb nach Leistung und Preis durchaus gewachsen sind.

———

B. Wanderfahrzeuge.

1. Das Wanderdingy.

Das einfachste, bei weitem billigste Wanderfahrzeug für Segler ist das Dingy. Seine Abmessungen betragen etwa 4,5—5 m zu 1,60—1,80 m, die Besegelung ist einfach: Mast, Raa und Baum sind gleichlang und können mit den Riemen zusammen in einem

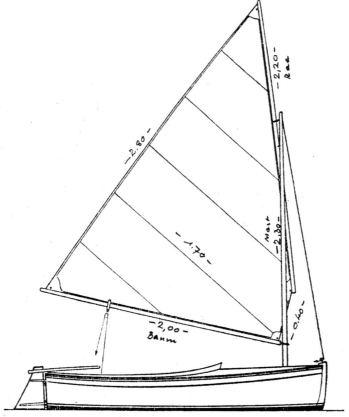

Abb. 4. Dingy mit Luggersegel. 8 qm Segelfläche. Entwurf: Harold Tapken.

futteralartigen Persenning aufbewahrt werden. Das kleine Fahrzeug läßt sich auch noch bequem rudern, wozu eine Ducht hinter den Schwertkasten gelegt wird. Neben diesem befinden sich zwei für anspruchslose Gemüter ausreichende Schlafplätze. Statt Zelt wird

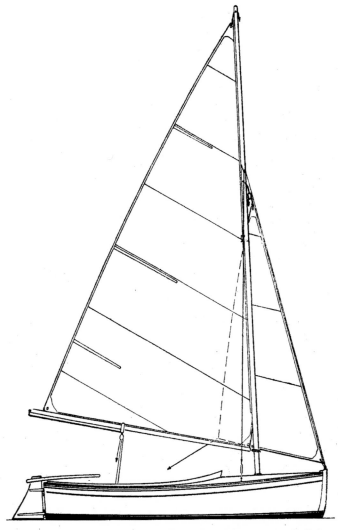

Abb. 5. Dingy mit Sluptakelage. 10 qm Segelfläche. Entwurf: Harold Tapken.

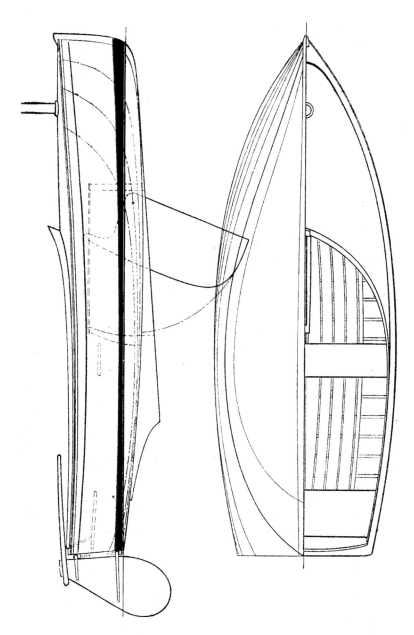

25

des Nachts das Segel über das Boot ausgebreitet. Wir haben in unserer Jugend auf diesen netten und für ihre Größe schnellen Fahrzeugen weite Reisen gemacht, möchten aber betonen, daß dies besonders dafür gebaut war. Feste Duchten z. B. geben nicht genug Platz, um bequem im Boot liegen zu können. Das Bootchen ist auch sonst für Jugendliche, Angler und Nachmittagsfahrten sehr brauchbar.

2. Die Segelgig.

Die Segelgig — aus dem Rudersport hervorgegangen — leidet immer noch unter dessen Eigentümlichkeit, ein schmales, weil schnelleres Boot zu benutzen. Wie wir oben schon angedeutet haben, ist dies für ein Wanderboot ein schwerer Fehler. Die richtige Wandergig soll in ihrer Breite nicht viel unter 1,40 hinuntergehen, und der Konstrukteur darf vor einem großen und wirksamen Schwert nicht zurückschrecken. Solche Boote sind bei einer Besegelung von etwa 10 qm raumschots sehr schnell, leiden aber unter einer geringen Wendigkeit. Aber auch hier vermag eine geschickte Seglerhand recht viel, und ein 8 m langer Doppelskuller geht, richtig geführt, wenn auch etwas langsam, so doch sicher über Stag.

Eine Gig mit genügendem Schwert, gut hingetrimmten Segeln und guter Führung bietet nicht das leider allzu oft geschaute hoffnungslose Bild jener Fahrzeuge, die, sowie es bei einer Krümmung des Fahrwassers etwas gegen den Wind geht, mit schlotternden Segeln ans Schilf treiben, worauf sich dann die Bemannung fluchend an die Riemen macht. Eine richtig zum Segeln ausgerüstete Gig vermag fast ebenso hoch anzuliegen wie eine normale Yacht. Bei schmalen und verkehrsreichen Durchfahrten empfiehlt es sich allerdings, die Riemen zu Hilfe zu nehmen; die schlechte Wendigkeit kann dem langen Boote bei starkem Verkehr sonst direkt zur Gefahr werden.

Schlafen und Kochen muß man bei diesen Booten im allgemeinen an Land. Die unvermeidlichen Querduchten und der Schwertkasten beengen den Innenraum zu sehr. Den Vorschlag, eine Hängematte zwischen den dünnen Masten zu spannen, wird jeder belächeln, der sich eine Hängematte mal richtig hingespannt hat. Die Leinen müssen dabei so straff wie Violinsaiten gespannt sein, sonst bildet die Hängematte nebst dem Insassen eine mehr malerische hingeschwungene als behagliche Kurve.

Weiter hinten lassen wir daher eine Beschreibung von kleineren für diese Fahrzeuge geeigneten, durchaus brauchbaren Zelten folgen.

Die Segelgig hat aber einen großen Nachteil, der sich bei unkundiger Führung zur Gefahr steigern kann, und den wir hier daher nicht übergehen wollen. Das ist die große Länge bei geringer Eindeckung. Das lange Boot kann der steilen und kurzen Welle, wie sie schon auf unseren großen Binnengewässern — von den Haffs gar nicht zu reden — zu finden ist, nicht so folgen, wie es kürzere Boote, Kanus und Jollen tun. Sie ruht gleichzeitig auf zwei oder mehr Wellen mit dem Erfolge, daß die vordere Welle sich darüber bricht und das Boot in kurzer Zeit vollschlägt. Dies ist auch die Ursache fast aller jener beklagenswerten Unfälle, von denen wir immer wieder lesen. Die langen, niedrigen Sportboote der Rudervereine — und aus ihnen ist ja die Segelgig hervorgegangen — ermangeln eben einer auch nur kleinen Seetüchtigkeit. Gewiß kann man durch eine größere Breite, längere Eindeckungen, höheren Freibord diesen Mangel bis zu einem gewissen Grade ausgleichen, aber der lange, offene Mittelraum bleibt doch immer bestehen. Man kann ihn nicht verkürzen, ohne die wesentlichste Eigenschaft dieser Boote, die gute Ruderbarkeit, zu beeinträchtigen. Sie sind daher in erster Linie auf solche Reviere angewiesen, wo größere Seen gar nicht oder nur ausnahmsweise zu passieren sind, so zum Beispiel das wundervolle Gebiet der Waldseen um Rheinsberg. Dringend möchten wir vor dem Unfug warnen, mit untauglichem Material und mißverstandenem „Schneid" Gewaltfahrten über große Gewässer zu unternehmen, die meist ein übles, oft auch ein katastrophales Ende nehmen und dann unseren schönen Sport nur in Verruf bringen. Beim Gelingen reizt es Unerfahrene Ähnliches nachzumachen, wobei sie nicht nur das eigene Leben, sondern auch das anderer in Gefahr bringen. Ich kann wohl sagen, daß von den etwa fünfzig Leuten, die ich in einem vierzigjährigen Seglerleben aus den Fluten fischen half, weit mehr als die Hälfte in ihren langen Ruderbooten auf oben geschilderte Weise verunglückt war.

Wer auf leichtem, ruderbarem Boot auch größere Gewässer bei Wind nicht scheuen will, der wende sich dem Segelkanu zu, das wir im nächsten Abschnitt behandeln wollen. Es teilt mit der Segelgig die angenehme Eigenschaft, wegen seiner Leichtigkeit im Bootsschuppen untergebracht werden zu können, was im Hinblick auf den Mangel an geeigneten Liegeplätzen auf dem Wasser, der in Berlin z. B. von Tag zu Tag fühlbarer wird, von vielen sehr geschätzt ist.

3. Das Segelkanu.

Wie am Schluß des vorigen Abschnittes schon bemerkt wurde, hat das Segelkanu vieles mit der Segelgig gemeinsam. Seine Vorzüge ihr gegenüber bestehen in der geringeren Länge und der besseren Eindeckung. Seiner ganzen Linienführung nach ist dies

Fahrzeug vorzugsweise zum Segeln bestimmt. Es ist also stärker und standhafter gebaut, ist wendiger und kann mit seinem hohen Freibord, seiner weitreichenden Eindeckung und dem guten Sprunge schon eine gehörige Portion Wind und Wellen vertragen. Andererseits bedarf das leichte und zerbrechliche Segelkanu einer wohlerfahrenen Hand am Ruder.

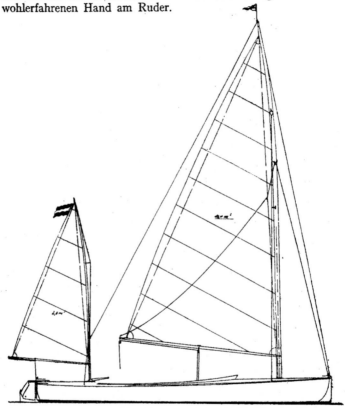

Abb. 7. Segelplan des 13 qm Segelkanu. Konstrukteur: Gädtgens, Hamburg.

Man baut Kanus in vielen Größen, doch erst bei einer Länge von über 5½ m an dürfte es als Wanderboot für längere Strecken in Frage kommen, da es sonst zu wenig Fassungsvermögen für Gepäck, Zelt und Proviant bietet. Die größeren Kanus grenzen schon an die Jollen und kleinen Kreuzeryachten, und es ist nicht ganz leicht, den Unterschied zu bestimmen. Ich möchte ihn so festlegen, daß bei einem Kanu die Möglichkeit vorhanden sein

28

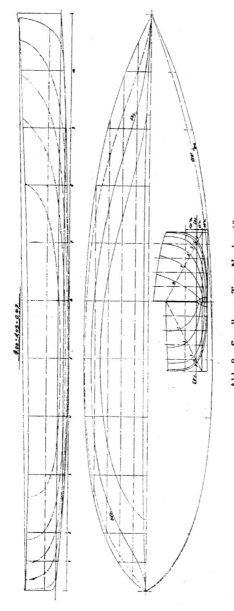

Abb. 8. Segelkanu, Typ „Nordwest".
Konstrukteur: Gädtgens, Hamburg.

29

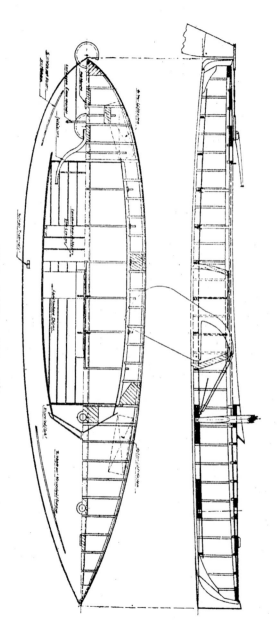

Abb. 9. Aufsicht und Längsschnitt.
Konstrukteur: Gädtgens, Hamburg.

30

muß, das Fahrzeug ohne große Schwierigkeiten an Land zu tragen, um es in gedeckten Räumen unterzubringen.

Aus langer Erfahrung heraus hat sich die Hochtakelung als Yawl eingebürgert, wobei Masten und alle Spieren so bemessen werden, daß sie im Boot untergebracht werden können. Auch hier ist eine gute Abstagung sehr wesentlich für die Haltbarkeit der Takelage. Die Auswechselbarkeit der Segel kann in vielfältiger Weise verwendet werden, indem man bei viel Wind den Besan oder das Großsegel fortnimmt, den Treiber statt Großsegel fährt und ähnliches.

Wir führen hier einen für Wanderzwecke geeigneten Entwurf vor, dessen Breite von 1,60 m es ermöglicht, daß seine beiden Insassen neben dem Schwertkasten leidlich hinreichende Schlafplätze finden. Ein Hochgenuß dürfte die Nachtruhe allerdings nicht sein und nach mehreren Nächten eine starke Sehnsucht nach einem richtiggehenden Bett erwecken.

Es hat seinen eigenen Reiz, mit dieser schnellen Miniaturyacht größere Reisen zu unternehmen, so daß sie bei uns wie im Auslande zahlreiche Anhänger gefunden hat. Dabei muß erwähnt werden, daß zahlreiche Segel-„Kanus" des Auslandes, so z. B. auch die im Vorwort erwähnte Kanu-Yawl „Ethel", und der durch seine weiten Entdeckungsfahrten auf dem Nil bekannte „Rob Roy" nichts anderes sind als verkappte Jollen und Yachten kleinsten Maßstabs. Die praktische Erfahrung hat eben immer wieder darauf hingewiesen, daß erst von einer gewissen Größe an der nötige Schiffsraum vorhanden ist, um zwei bis drei Personen das an sich gewiß nicht hohe, aber für längere Reisen unentbehrliche Maß an Bequemlichkeit zu geben. Diese Erfahrung alter Wasserwanderer führt uns zu den nächsten Abschnitten hinüber.

Bevor wir aber zu diesen kommen, möchten wir einen für unternehmende junge Leute besonders wesentlichen Vorzug nicht unerwähnt lassen, den vor allem das Gig und Kanu mit ihrer Leichtigkeit vor der Jolle voraus haben. Das ist die Möglichkeit, in kleine Seitengewässer vorzudringen, sie sind das geborene Entdeckerfahrzeug. Und geht es mal auch mit Waten und Schieben nicht weiter, so heuert man sich einen Leiterwagen an und läßt das Fahrzeug samt dem ganzen Krempel über Land herum und nach dem nächsten Gewässer fahren; so z. B. von den Seen um Rheinsberg nach dem nicht weit entfernten Gebiet der kleinen Müritz.

4. Die Wanderjolle.

Wie eben beim Segelkanu bereits angedeutet, besitzen erst die Fahrzeuge von der Jolle aufwärts die Möglichkeit einer Unter-

kunft und sonstiger Bequemlichkeit, damit auch eine lange
Wanderfahrt selbst bei mäßigem Wetter nicht zu einer dauernden
Strapaze wird, ohne daß man andererseits von einem Sybariten-
leben auf diesen Booten sprechen kann. Ich stelle mir dies jedenfalls
anders vor, als eine 4 wöchentliche Jollenreise durch die mecklen-

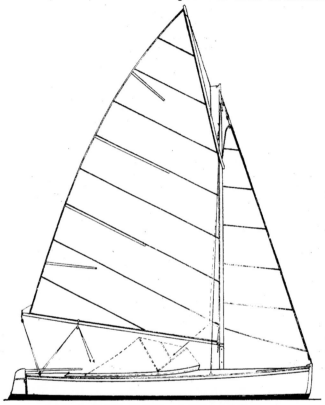

Abb. 10. Wanderjolle (Segelplan). Segelfläche: 22 qm.
Entwurf: Harold Tapken.

burgischen oder masurischen Seen, wie wir sie lange Zeit hindurch
fast alljährlich unternommen haben. Der Krieg hat ja — glück-
licherweise — auch anderen Kulturmenschen gezeigt, daß es nicht
unbedingt nötig ist, sich des Nachts in einem weißen Bettchen
vorzufinden, auf wohlgedeckten Tischen eine Mahlzeit von
mehreren Gängen vorgesetzt zu bekommen und abends ein Kino
oder eine Diele heimzusuchen.

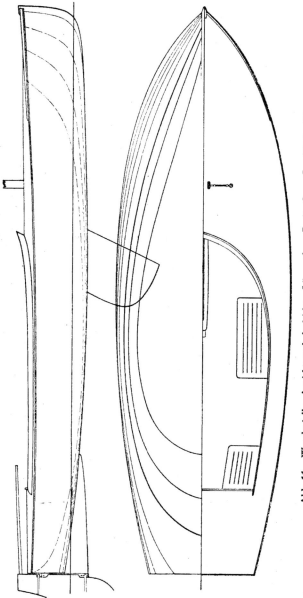

Abb. 11. Wanderjolle, Ansicht und Aufsicht. Länge 6 m, Breite 2 m, Segelfläche 22 qm. Entwurf: Harold Tapken, Schiffbauingenieur, Berlin-Grunewald.

33

Aber ein gewisses Maß von Bequemlichkeit sind wir Kultur-
huber nun leider mal gewöhnt und können auf die Dauer nicht
leben wie ein Vogel, der des Abends den Kopf unter die müden
Flügel steckt, um am nächsten Morgen lustig aufzuwachen und
mit einigen Körnern und einem Käfer als famoses Morgenfrühstück sich zu begnügen und dann noch dankbar ein Liedchen
anzustimmen. Daher sind wir nach reicheren, in Gig und Kanu
auf Binnengewässern gesammelten Erfahrungen zur Wanderjolle
übergegangen und bei ihr geblieben. Sie segelt recht gut, ist steif
und kann viel Wind und Wellen vertragen, bietet bequeme Unterkunft und so viel Platz, daß sämtliches notwendige Gepäck,
Proviant, Kochgerät, Decken, Zeltüberzug bequem zu verstauen
ist. Schließlich läßt sie sich im Notfalle noch leidlich rudern,
was unter Umständen sehr schätzenswert ist; wobei aber zu bemerken ist, daß man von dieser löblichen Eigenschaft nur in
sehr dringenden Fällen Gebrauch macht.

Wir haben uns in unserem geräumigen Boot, das jedem soviel
Ellenbogen- und Beinfreiheit bot, wie wir nur wünschen konnten,
sehr wohl gefühlt, so daß wir auch nach der Erfindung des Jollen-
kreuzers, an der wir nicht ganz unschuldig sind, uns nicht zu
diesem Fahrzeug entschließen konnten und der Wanderjolle
treu geblieben sind. Sie bleibt eben für lange Wanderfahrten
auf Binnengewässern unserer Ansicht nach das Boot.

*   *   *

Gewiß sind Gig und Kanu schnelle und auch auf kleinen
Gewässern sehr brauchbare Wanderboote. Aber sie haben den
von uns schon berührten Nachteil, daß auf ihnen die Mannschaft
entweder gar keine oder eine nur sehr unbequeme Unterkunft für
die Nacht findet. Die Mehrzahl dieser Boote ist daher mit einem
Zelt ausgerüstet, das in erster Linie für das Nachtquartier auf
dem Lande dient. Andere Wasserwanderer ergreifen die gelbe
Handtasche und eilen ins Hôtel.

Diese lassen wir, als nicht zu uns gehörig, ruhig laufen und
wenden uns den Sonntagnachmittags-Zeltbewohnern zu. Wie
lustig auf dem Zeltdach der Wimpel im Sonnenschein spielt;
bei frohem Mahle hocken auf grünem Rasen vor der Zeltöffnung
die Wasserwanderer auf kurze Rast zusammen und lassen die
Schiffahrt gemächlich an sich vorüberziehen. Ja, das Zeltleben
ist fein!

Aber es kann auf längeren Reisen auch anders kommen: der
Schnürdel-Regen rauscht eintönig ins blasenziehende Wasser, die
grauen Wolken hängen bis in die Wiesen der unteren Oder hinab,
müde und frierend zieht die Mannschaft an den Riemen, nach

34

einer passenden Bleibe ausschauend. Immer wieder wird ein Landungsversuch gemacht. Ja gewiß, es ist Land; aber feuchter wackelnder Boden mit hohem nassen Gras bestanden, ein Mittelding zwischen Wiese und Sumpf, da nutzt das schönste Zelt nichts.

Oder wir segeln die untere Elbe hinab, soweit unten schon, daß die Strömung durch die Gezeiten ersetzt wird und die schutzbietenden Buhnen aufhören. Der steile Deich tritt dicht an das Wasser heran. Die ganze Krone des Deiches wird als Fahrstraße benutzt. Auf der anderen Seite trennt ein breiter Sumpfgraben feuchte, oft tiefer wie das Strombett liegende Marschwiesen vom Deich. Da bleibt uns nur der schmale etwas schlickige Landstreifen am Ufer für unser Zelt übrig.

Dort schlagen wir es denn auch auf, füttern den Boden gut mit Schilfgras und fallen in Morpheus' Arme. Des Nachts peitscht ein steifer Nordwest die trommelnden Regengüsse gegen die schlotternden Zeltwände. Das macht uns nichts, wir wickeln uns nur dichter in die Decken. Da schreit einer: „Mein Fuß wird ganz naß!" Und richtig, am niedrigen Fußende steht schon das Wasser im Zelt. Der stürmische Nordwest hat die Flutwelle bis hier heraufgetrieben. Durch die naßkalten Regenschauer angefeuert, packen wir rasch unsere Siebensachen zusammen. Beim Abbrechen des Zeltes setzt sich der Wind hinein und wirft es ins Wasser. Endlich ist alles oben auf dem Deich, da stehen wir patschnaß in der stockdunklen Regennacht ratlos und frieren . . . .

Ein anderes Mal wehte auf flachem, ungeschütztem Ufer ein Gewittersturm den ganzen Salat um, noch dazu, als gerade auf dem Primuskocher die Kartoffeln brodelten. Es war das reine Wunder, daß nicht sämtliches Gepäck ein Raub der Flammen wurde.

Alle diese — nicht etwa erfundenen, sondern nach dem Leben erzählten — Widerwärtigkeiten haben uns mit vorgerückter Erfahrung aus Gig und Kanu in die Wanderjolle übersiedeln lassen.

* * *

Auch an diesem Namen ist schwer gesündigt worden. Was keine Rennjolle war, das wurde eben als „Wanderjolle" abgestempelt. So machten wir uns daran, selber aus der praktischen Erfahrung heraus so ein Ding zu entwerfen. Und ich kann wohl sagen, daß dieser in jahrelangem Für und Wider geschaffene Typ sich glänzend bewährt hat. Das Boot ist fünfmal, fast immer bei steifer Brise, übers Haff gegangen, ist bei 11m Wind und dementsprechender Welle über See von Dievenow nach Swinemünde gekreuzt. Es bietet drei Mann sehr bequemen Aufenthalt und Unterkunft, ist überraschend schnell und außerordentlich steif.

Auf diese Eigenschaft hatten wir besonderen Wert gelegt. Sie wird in erster Linie durch einen ausgesprochenen U-Spant erreicht; der macht das Boot außerordentlich steif und bietet zugleich den denkbar größten und sachgemäß geformten Innenraum. Die ganze Form ist in gemäßigtem Prahmtyp gehalten, so daß bei Krängung des Bootes die Überhänge bald zum Tragen kommen. Guter Sprung und Freibord, wie sie beim Segeln auf bewegtem Wasser erforderlich sind, weite Eindeckung, teils um hinreichenden, wasserdicht geschützten Stauraum zu gewinnen, teils um auf größeren Gewässern trocken zu segeln, bilden die weiteren Kennzeichen einer zweckmäßigen Wanderjolle.

Über die Größe entscheidet natürlich bis zu einem gewissen Grade der Geldbeutel. Man soll aber dabei bedenken, daß zu kurze Fahrzeuge niemals, vor allem raumschots, eine solche absolute Schnelligkeit erreichen, wie längere Boote. So wenig, wie wir diese Eigenschaft zum „Kilometerschinden" ausnutzen wollen, so angenehm macht sie sich in vielen Fällen bemerkbar. Mit einem schnellen Boot rutsche ich bei einer frischen Brise noch rasch übers Haff, ehe das vom langsam fallenden Barometer angekündigte Unwetter eintritt. Längst bin ich hinter der schützenden Einfahrt verschwunden, während der schwerfällige Mitsegler achteraus am Horizont kaum zu sehen ist.

Deswegen gehe man möglichst nicht unter 6 m Länge herunter. Dies ist erfahrungsgemäß die Größe, von der ab die Jollen unter der reichlich hohen Belastung der Wandersegler mit ihrem schweren Gepäck zu laufen anfangen. Man greift sogar lieber noch etwas über diese Länge hinaus bis zu 7 m. Dann geben trotz der großen Beladung und dadurch erhöhtem Tiefgang die Linien immer noch einen feinen Wasserablauf, ein für die Schnelligkeit äußerst wesentliches Moment.

In dieser Beziehung kranken die meisten sogenannten Wanderjollen, auch die des Segler-Bundes, an einem schweren Fehler. Sie berücksichtigen die gewichtige Belastung nicht und tauchen unter voller Wanderbelastung viel tiefer als die Konstruktionslinie angibt. Was nutzt es da, wenn diese noch so fein ausgezogen ist. Es gilt hier dasselbe, was wir bei Gig und Kanu ausgeführt haben; das Boot muß für volle Reise-Belastung entworfen sein.

Die Breite einer Wanderjolle könnte, rein theoretisch genommen, eigentlich gar nicht groß genug sein. Sie findet ihre zweckmäßige Begrenzung in dem Umstande, daß das Boot wenigstens einigermaßen auch auf größere Strecken ruderbar ist. So begnügt man sich im allgemeinen mit einer für unseren Zweck auch durchaus hinreichenden größten Breite von etwa 1,80 bis

1,85 m. Ein breiteres Boot läßt sich nur noch mühselig vorwärts bringen, jeder Zoll an Breite macht sich da ganz merkwürdig fühlbar. Daher ist auch die im Verbande eingeführte Wanderjolle, die daher bereits unlängst eine Umwandlung in einen Jollenkreuzer erfahren hat, mit 2,10 m viel zu breit, auch die 25 qm-Segel können daran nichts ändern. Im Gegenteil, sie erfordern Mast und Spieren von solcher Stärke, daß ein Hantieren damit beim Passieren von Brücken schon recht unbequem wird. An diesen Nachteilen wird nichts dadurch gebessert, daß sie akademisch abgestempelt sind und gut in das Schema der Klassentabelle passen; an solche Umstände kehrt sich die Praxis nicht. ...

Zur Inneneinrichtung der Jolle bemerken wir, daß vor allem darauf Rücksicht genommen werden muß, daß die Wandersleute auch tagsüber Platz genug zum Liegen haben müssen. Eine einzige fortnehmbare Ruderducht genügt daher. Der Steuersitz wird durch das verlängerte Achterschott geschaffen, eine kleine Reling schützt vor überkommendem Wasser. Das Vorschiff ist mindestens zwei Meter weit eingedeckt und bietet so Schlaf- und Stauraum in hinreichendem Maße. Die Bodenbretter werden zweckmäßig sehr hochliegend angeordnet, durch Kissen in großer Zahl werden sie je nach Bedarf zum Sitz- oder Liegeplatz umgewandelt. Gleichzeitig wird durch die hohe Lage der Bodenbretter in der Bilge ein willkommener Stauraum für Konserven, Flaschen, Anker und dergl. erzielt.

Der breite Spiegel einer Wanderjolle trägt erheblich zur Stabilität bei und gewährt außerdem einen sehr wünschenswerten Rückhalt an Auftrieb, der sich bei stärkeren Neigungen sehr angenehm bemerkbar macht. Er muß senkrecht zum Wasserspiegel stehen, die früher üblichen schrägen Spiegel sind verpönt, das Ruder steht nämlich dann auch schräg, und bei hartem Ruderlegen klemmt man sich zwischen Pinne und Deck die Finger. Auf die Notwendigkeit eines Senkruders mit völlig aus dem Wasser zu holenden Unterteil braucht hier wohl kaum hingewiesen zu werden.

Das Schwert soll reichlich groß und schwer sein, es dient zugleich als Ballast, halbkreisförmig wie bei den modernen Rennjollen, an den Rändern so scharf zugespitzt wie ein Messer. Es bleibt nicht unbelohnt, wenn man vor jeder längeren Wanderfahrt die Schwertplatte eine Stunde lang mit der Feile bearbeitet.

Die Takelage sei leicht, die kurzen Spieren hohl aber fest. Unsere Mastlegevorrichtung ist sehr leicht zu bedienen: Das Vorstag führt über eine Rolle im Vorsteven unter Deck, endet dort an einem doppelt geschorenen Klappläufer, so daß der Mast mit stehendem Segel, wobei der Großbaum etwas aufgedirkt wird, von einem Mann beliebig weit nach hinten geneigt und nötigenfalls gelegt werden kann. Die dem normalen Segler so verhaßten Brücken bilden dann keine zeitraubenden Hindernisse mehr, sondern es ist eine Spielerei, sie zu unterfahren. Jene schon geschilderten Manöver von „Wander"-Booten, die bei jeder Brücke anlegen müssen, um die Segel wegzunehmen und mit größter Umständlichkeit den Mast zu legen, fallen fort.

Nun zur Größe der Segelfläche. Auch hier bleibt die Praxis die allein seligmachende Lehrmeisterin; 22 qm genügen, um unsern fahrbaren Untersatz mit der erforderlichen Geschwindigkeit durchs Wasser zu schleppen. Wozu also mehr? Bei 22 qm bleiben auch Mast und Spieren in manierlichen Grenzen, es ist eine Freude mit ihnen umzugehen. Ist wenig oder kein Wind, nun so wartet man, der breitere Topf mit seinen 25 qm wird dann auch nicht schneller sein. Außerdem hat man, wie an anderer Stelle schon bemerkt, noch Beisegel in der Luke.

Den Anker führt man auf der Wanderfahrt zweckmäßig lose in der Bilge des Mittelschiffes. Vor dem Gebrauch wird das Ankertau — auf so kleinen Fahrzeugen ist dies leichter und handlicher wie die Kette — vorn aus der Klüse außenbords um das Want nach achtern geführt und der Anker eingeschäkelt. Man kann ihn so bequem aus der Plicht werfen, was unter Umständen sehr angenehm ist.

Es gibt heute eine Anzahl bewährter Wanderjollen. Ich nenne hier die einst nach meinen Angaben von Harmsen entworfene, in zahlreichen Fahrten über Haff, See und durch Mecklenburg bewährte „Narowa", die weitverbreitete und beliebte „Albatros"-Jolle.

Dies Boot ist entstanden aus den Erfahrungen bekannter Wandersegler, mit dem Ziele, eine für längere Fahrten mit drei Mann Besatzung geeignete Wanderjolle zu schaffen. Die vom Verbande eingeführte 25 qm-Wanderjolle mit ihrer großen Breite von 2,10 m ist, wie gesagt, schon reichlich schwer zu rudern, was unter Umständen unbequem werden kann. Sie bildet, mit einem kleinen Schutzdach versehen, den Übergang zum Jollenkreuzer, dem wir den nächsten Abschnitt widmen werden.

5. Jollenkreuzer.

Als Jollenkreuzer bezeichnet man eine Jolle, die eine feste
Kajüte besitzt. Er vereinigt also die Vorzüge einer Jolle mit der
des Kajütbootes. Der geringe Tiefgang erübrigt das lästige Mit-

Abb. 12.   Jollenkreuzer, Segelriß.   30 qm Segelfläche.

führen eines Beibootes, die Sachen bleiben trocken, und man hat
seinen, wenn auch kleinen, so doch sicheren und warmen Unterschlupf. Ein lästiges Hindernis in der Kajüte bildet der Schwertkasten. Es ist aber ein leider oft zu beobachtender Fehler, wenn

der Konstrukteur das Schwert anders wohin als dorthin verlegt, wo es der ganzen Konstruktion nach hingehört. Dadurch werden die Segeleigenschaften verschlechtert, und das wäre gerade bei einem Wanderboot ein großer Fehler.

Die Jollenkreuzer haben in kurzer Zeit ⁷ eine ⸢große Beliebtheit und eine solche Verbreitung gefunden, daß sowohl der deutsche Seglerverband wie auch der Seglerbund ihnen ihre Klassen öffnen mußten. Sie können eine gehörige Portion Wind und Wellen vertragen und sind in vielen Exemplaren an der Unterelbe zu finden, die doch als recht rauhes Seglerrevier gilt. Dort hat ihr Vorzug, bei Ebbe ohne weiteres trocken fallen zu können, offenbar viel zu ihrer Verbreitung beigetragen.

Die rennmäßig konstruierten Jollenkreuzer mit sehr schlankem Vorschiff, Hochtakelung und allen Eigenschaften eines Rennbootes, sind ganz erstaunlich rasch und laufen gut so schnell als die kleine Rennyacht.

Trotz aller dieser Vorzüge würde ich mich persönlich nicht zu einem Jollenkreuzer als Wanderfahrzeug entschließen. Es fehlt darin an Platz, auf dem sich die Mannschaft im Sonnenschein „aalen" kann. Durch die Kajüte ist die Länge der Plicht erheblich beschränkt. So muß sich die Mannschaft mit kurzen Sitzbänken in der Plicht begnügen. In einer richtigen Wanderjolle ist aber für alle Mann Platz zum Liegen. Jeder, der tage- und wochenlange Fahrten gemacht hat, wird dies zu schätzen wissen. Das unbequeme Hocken auf den stets schiefliegenden Bänken wird bei langen Reisen schließlich zu scheußlicher Marter. Die dienstfreie Mannschaft sucht sich ihr zu entziehen, indem sie sich auf die bequemen Kajütbänke zurückzieht und dort ahnungslos durch die schönsten Gegenden segelt, ohne etwas Anderes zu sehen, als das Kajütdach.

Noch etwas aber hat die Jolle voraus, nämlich das innige Zusammenleben mit dem Wasser, auf dem man segelt; dicht an uns ziehen die Wellen und Wellchen vorüber, unter dem klaren Wasserspiegel tummelt sich zwischen der Märchenwelt der Wasserpflanzen die muntere Fischbrut. Jeder Augenblick öffnet neue Einblicke in das Wunderreich der Tiefe. Auch nach vorn stört kein hochragendes Kajütdach die weite Sicht. Da sieht man die sorgliche Entenmama ihre Kleinen in das Rohr führen, die jungen Taucher ihre Fellchen auf dem wärmenden Rücken der Eltern sonnen, dort schießt ein großer Hecht mit gewaltigem Schwell unter den Wasserrosenblättern fort, und ein aufgestörter Reiher steigt mit bedächtigen Flügelschlägen in die Höhe. Dies alles sind Erlebnisse der Fahrt, die man eines festen Daches

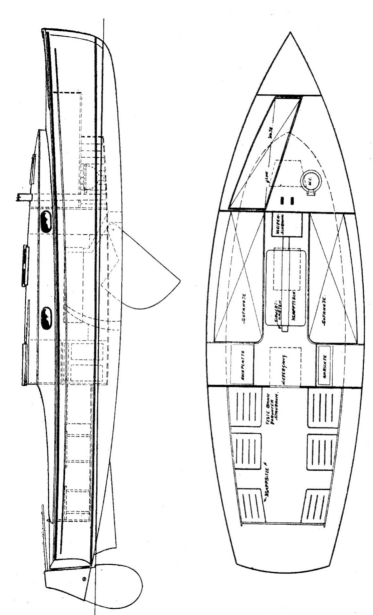

Abb. 13. An- und Aufsicht. 30 qm Jollenkreuzer. Länge 8 m, Breite 2,50 m. Entwurf: Harold Tapken, Schiffbauingenieur, Berlin-Grunewald.

halber nicht aufgeben dürfte. Im Jollenkreuzer und der Yacht geht oft ein großer Teil davon verloren.

Um die Vorteile eines dauernden festen Daches mit dem der bequemen Liegemöglichkeit zu verbinden, empfiehlt sich der Einbau der in Amerika längst üblichen Klappkajüte. Sie gewährt beim Halten die Annehmlichkeiten einer sehr geräumigen, ja auf Stehhöhe ausziehbaren Kajüte, während auf der Fahrt das platte, niedrige Dach alle oben genannten Nachteile vermeidet. Ähnlich wie bei Autoverdecken oder auch durch eine auf dem Schwertkasten aufsitzende Schraube wird das feste Deck in die Höhe gehoben. Die Seitenwände bestehen aus dichter, imprägnierter Leinewand in Harmonikaform. Bei der Fahrt ruht alles platt auf der Reling, wobei die Höhe des Schwertes zu berücksichtigen ist.

Eine Grundfläche von $2\frac{1}{2} \times 1,80$ m ist völlig ausreichend zum bequemen Sitzen der Insassen.

Trotzdem ist der Jollenkreuzer ein ausgezeichnetes Fahrzeug, zumal für rauhe und im gewissen Sinne flache Gewässer. Er paßt sich den Besonderheiten des Unterlaufes unserer großen Ströme, Weser, Elbe und Unter-Rhein, wo Ebbe und Flut berücksichtigt werden müssen, im hohen Grade an und empfiehlt sich dort als leistungsfähiges, steifes, schnelles und trocken segelndes Wanderboot. Hier ist auch die Größe unbeschränkt, da das lästige Mastlegen beim Unterfahren von Brücken fortfällt.

Als ein bemerkenswertes Wanderboot für zwei Personen und brückenreiche Binnengewässer, wie sie sich auf beiden Seiten der Unterweser finden und bis zur Elbe hinüberführen, ist die von Dipl.-Ing. Pyszka konstruierte, bei Abeking & Rasmussen erbaute 15 qm-Jolle „Schorschel" zu nennen. Die gute Breite von 1,73 m im Verein mit dem U-förmigen Hauptspant ermöglichen ihr die einfache und handige hochgeschnittene Cat-Takelage bequem zu tragen. Gleichzeitig wird dadurch so viel Raum gewonnen, daß Unterkunft und Stauraum in ausreichendem Maße vorhanden sind. Eine bequeme Mastlegevorrichtung, bei der durch hochliegende Rüsteisen die Wanten den Mast beim Legen in jeder Lage seitlich abgestagt halten, ermöglicht das Passieren von Brücken durch Fieren des Vorstags mit Hilfe eines fest angebrachten Kläppläufers mit denkbar geringstem Aufenthalt. Beiderseits des Schwertkastens liegen zwei fest eingebaute Kojen, die unter das weit eingedeckte Vorschiff reichen. Am vorderen Setzbordrand ist eine Art Autoklappverdeck angebracht, das, mit einem Griff aufgespannt, als Schutz gegen Regen dient und in der Nacht zu einem über die ganze Plicht reichenden Zelt verlängert wird.

42

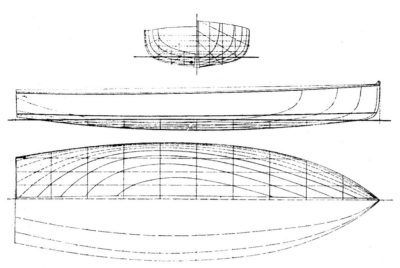

Abb. 14. Linienriß einer Einhandjolle

Abb. 15. Segelriß einer Einhandjolle.

6. Die Yacht.

Merkwürdig ist es, wieviel „Binnenkreuzer" es gibt und wie wenige von diesen man unter Segel auf Wanderfahrten in Binnengewässern trifft. Auch wenn der Wind frisch und raum weht, immer sieht man, wie sie sich im Schlepp oder mit eigenem Motor fortbewegen. Auch hier ist vor allem die Scheu vor dem Mastlegen die Ursache. Wiederholt haben wir die Wichtigkeit eines leichten Mastlegens betont, und es sei hier auf die in Holland heimischen

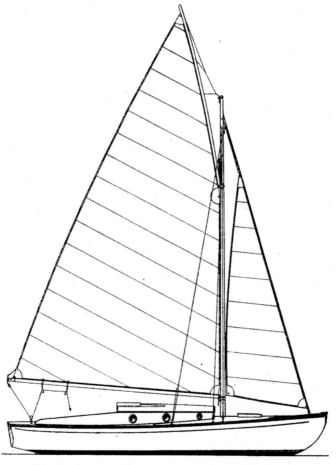

Abb. 16. Segelriß. Segelfläche 35 qm. Entwurf: Harold Tapken.

Bojer-Yachten bis zu 10 m Wasserlinie hingewiesen, die dank ihrer praktischen Einrichtung den Mast mit stehenden Segeln umlegen und so durch die zahlreichen Brücken ohne großen Zeitverlust kommen. Mein alter Herr kaufte sich im Jahre 1886 einen kleinen Schwertkreuzer von etwa 35 qm Segelfläche. Wir segelten im ersten Jahre nach Hamburg und weiter auf der Unterelbe, im nächsten Jahr nach Dievenow, im dritten nach Mecklenburg usw. Allerdings war alles auf rasches und bequemes Mastlegen eingerichtet. Gegen starken Strom kann man natürlich nur unter besonders günstigen Umständen durch die Brücken kommen, doch weiß ich, daß wir bei frischem Nord ohne Schwierigkeiten von Stettin nach Hohensaathen gesegelt sind. Nun ist zweifellos die kleine Yacht ein für viele immerhin noch unerschwingliches Objekt. Wir bringen deswegen hier nur die Zeichnung einer einzigen kleinen Yacht, zumal größere Boote schon ihres Tiefgangs wegen für Binnenwanderungen nicht geeignet sind.

Trotz aller großen Vorzüge des ballastlosen Schwertbootes möchte ich aber für größere Gewässer, zumal auf den Küstengewässern, einer schnittigen, schnellen kleinen Schwert-Kielyacht den Vorzug geben. In der kurzen steilen See unserer Haffs ist das Segeln mit breiten Schwertbooten auf die Dauer kein Genuß, und ihre Lebensdauer dürfte dort auch nur beschränkt sein, da das wuchtige Aufhauen auf die See die Verbände mit der Zeit lockern muß. Da ist die derbere Yacht am Platze, die das Wasser mehr durchschneidet und ihrer ganzen Linienführung, Beplankung und Versteifung nach dem Seegang besser angepaßt ist. Will man die Haffs, Peene und Rügenschen Gewässer noch als Binnenwasser ansprechen, so soll hier auch ein entsprechendes Wanderfahrzeug gezeigt werden. Es wird hier bewußt von der heute überall so stark in den Vordergrund gestellten Preisfrage abgesehen. Das Ziel ist, ein zweckentsprechendes, das heißt bequemes, handiges und dabei für seine Größe sehr schnelles und seetüchtiges Reiseboot für drei Mann Besatzung vorzuführen. Der Tiefgang von 0,80 bis 1,10 m erreicht schon die obere Grenze der Verwendungsfähigkeit für Binnenfahrten, gestattet aber z. B. noch den Besuch der Mecklenburgischen und Masurischen Seen.

Es ist gar kein Grund vorhanden, daß bei den vorherrschenden westlichen Winden der Weg Berlin—Stettin nicht unter Segel zurückgelegt wird. Die Brücken werden bei geeigneter Mastlegevorrichtung mit leichter Mühe und fast ohne jede Verzögerung genommen. Man ist sein eigener Herr, kann an reizvollen Plätzen gemütlich anlegen und hat an der Segelfahrt durch die Landschaft einen vollen Genuß, der bei den anderen erst anfängt, wenn sie nach stumpfsinniger Schleppfahrt unterhalb der Stettiner Brücken

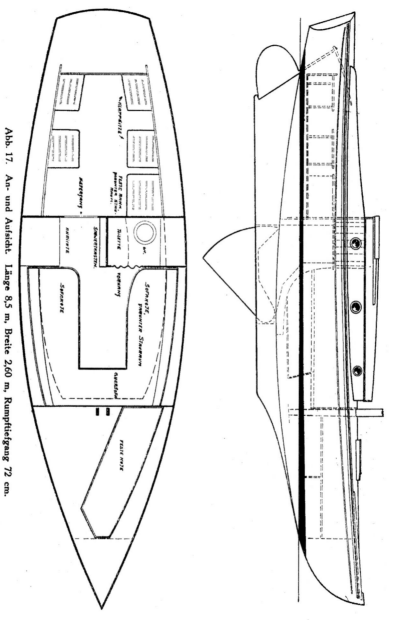

Abb. 17. An- und Aufsicht. Länge 8,5 m, Breite 2,60 m, Rumpftiefgang 72 cm.

46

ihre Masten und Segel gesetzt haben. Vielleicht trägt dies Buch dazu bei, daß die kleinen Yachten wieder unter Segel ihre Straße ziehen, statt im Schlepp. Aber — dies sei denen, die sich schleppen lassen, zuerkannt — wer über geringe Ferienzeit verfügt und die Sehnsucht nach der See hat, um auf dieser zu segeln — will vorwärts. Das sind aber dann Seesegler, keine Binnensegler.

Eine sehr unangenehme Notwendigkeit ist bei all' diesen Yachten das Beiboot. Gerade die Haffs, Bodden und unsere anderen Küstengewässer haben so flache Ufer, daß man mit einem Kielboot oft Hunderte von Metern davon entfernt ankern muß. Es hemmt die Fahrt, bei schwerem Wetter und Seegang zerrt es wie verrückt an den Planken. Ist es groß, so erhöht sich diese Hemmung, ist es klein, so fliegt man leicht damit um. Hier hilft das neue, aufpumpbare Gummiboot der deutschen Floßbootwerke in Lübben in angenehmster Weise aus. In einem Rucksack verpackt und nur 11 kg schwer, nimmt es im Vorschiff wenig Platz fort, in wenigen Minuten ist es mit einem Blasebalg aufgepumpt und verwendungsbereit, ist unkenterbar, trägt bis zu sechs Personen. Zum Schlepp holt man es am Heck halb aus dem Wasser, so daß es die schnelle Fahrt gar nicht schädigt. Auf seine Sicherheit und Widerstandsfähigkeit gegen Verletzungen kann man unbedingt vertrauen. Seine Berührungen hinterlassen weder Schrammen noch Risse an der Bordwand. Es ist merkwürdig, daß dieser handliche und so bequeme Typ verhältnismäßig noch wenig bekannt ist.

C. Unterwegs.

1. Das Tempo.

Auch dies gehört gerade in ein Buch über Wandersegeln. Weil viele Leute sich auch in ihrer Freizeit nicht von der Hast des Alltagslebens loslösen können und nun auch möglichst rasch von Ort zu Ort eilen wollen. Gewiß, der Ruderer und der Paddler, sie können sich bestimmte Ziele und Zeiten vornehmen. Nicht der Segler, ihm muß dies alles bis zu einem gewissen Grade völlig gleichgültig sein. Kommt er nicht heute an, dann morgen, oder vielleicht erst übermorgen, vielleicht auch gar nicht . . . In diesem Sinne muß er sich sein „Ziel" aussuchen. Eigentlich braucht er gar keins, denn in der Fahrt selber sucht und findet er den Genuß und die Erholung.

Da segelten wir — lange vor dem Kriege war es —, selbdritt von Berlin nach Hamburg. In der hübschen, damals noch ganz einsamen Krampnitz bei Potsdam gefiel es uns, also machten wir für zwei Tage halt. In Brandenburg an der Havel blieben wir ebenso lange bei lieben Bekannten stecken, die segelten mit uns bis zum Plauer See. Dies inselreiche, malerische und damals ganz einsame Gewässer fesselte uns noch einen Tag. Dann aber machten wir uns auf. Bereits vor Rathenow lag wieder ein Hemmnis: ein guter Freund mit einem Haus voll netter Mädels steckte da auf dem Lande. Eine volle Woche hielten uns diese Sirenen gefangen, ehe wir weiterkamen. Etwas weiter winkte in der Altmark wieder ein Herrensitz so lockend über den Elbdeich, daß wir zwei Tage dort rasteten. Schließlich kamen wir doch noch bis Hamburg, wenn auch drei Wochen später als geplant.

Auf anderen Fahrten war es die reizvolle Landschaft, die uns festhielt. So ein Tag auf einem lieblichen, einsamen Fleck, richtig ausgeaalt, ein bißchen geangelt, gezeichnet, gelichtbildert, das tut wohl. Warum denn gleich weiter? Uns jagt ja niemand und wir brauchen niemand. Nur raus aus dem Wust der Kultur, des

48

Geschäfts, des Börsenberichts, des Fernsprechers und der Zeitung. Und da gibt es Leute, die schleppen sogar ihr „Radio" mit in die einsame Waldbucht, um nur ja in Verbindung mit all' dem großstädtischen Quark zu bleiben, merkwürdige Naturschwärmer! Sie kommen nicht los von der Großstadthast, sie könnten sonst etwas versäumen: Locarno, einen Ozeanflug, Genf oder einen besseren Raubmord im Berliner Westen.

Das behagliche Tempo kennzeichnet erst den richtigen Wandersegler; er hat Zeit. Gewiß sind wir auch manchmal schnell gesegelt. Die Oder bei frischem Südost hinab von Frankfurt bis gegenüber von Schwedt in einem Tage. Und wir hätten es noch viel weiter geschafft. Aber da lockte am Spätnachmittag ein sonniger Hang mit malerischen alten Kiefern. „Auf das Ruder!" und schon schossen wir in das Stillwasser zwischen zwei Buhnen. Zwei Tage haben wir dort gelegen, Strom und Segel an uns vorüberziehen lassen. Dann faßte uns erneut der Tatendrang, und weiter ging es.

Aber wir waren auch zufrieden, wenn wir auf der viel gekrümmten Elde unsere zwanzig Kilometer Tagesleistung hinter uns hatten und an einem lieblichen Fleck festmachten. Da hatte der eine sein Taschenmesser am vorigen Nächtigungsplatz liegen lassen. Er marschierte quer über das Feld, nach zwei Stunden war er mit dem gefundenen wieder da, so kurz war unser Tages-Etmal gewesen.

Wer mit dem Kalender oder gar mit der Uhr in der Hand seine Wanderfahrten unternimmt, der tut mir leid: er hat ihr innerstes Wesen noch nicht erfaßt. Wenn die Sonne aufgeht, ist es Morgen und geht sie zur Rüste, so wird es Abend. Das genügt durchaus zur Zeiteinteilung. Wochenlang sind wir ohne Uhr gesegelt, nachdem die einzig vorhandene infolge eines unfreiwilligen Bades Generalstreik erklärt hatte. Es ging auch so, neben der Sonne ist der Magen ein nimmerversagender Zeitmesser. „Nimm di nix vör, so schleit di nix fehl!" Das gilt in erster Linie vom Wandersegeln. Nicht als ob man sich scheut, bei frischem Wetter über Haff und Bodden zu gehen. Aber nur nicht jenes unbehagliche „Muß", um irgendein — meist ganz gleichgültiges — Ziel zu erreichen. Wir suchen den Kampf mit den Elementen und freuen uns daran, aber wir hasten nicht. Und wenn Seglervereinigungen Preise für Langfahrten aussetzen, bei denen die Strecke, Zeit und womöglich Schnelligkeit vorgeschrieben werden, so werde ich mich niemals daran beteiligen. Schon der Gedanke des Zwanges ist so überaus unbehaglich.

Grundsätzlich hatten wir die Zeit für unsere Reise so berechnet, daß unsere Ziele stets in größter Gemütlichkeit erreicht werden konnten. Nachstehende Auszüge aus unserem

Loggbuch geben vielleicht einen kleinen Anhalt, welche Zeitdauer ungefähr in Rechnung zu setzen ist; wobei wir nochmals betonen, daß wir niemals Eile hatten, sondern so recht behaglich vorwärts wanderten. Auch haben wir nicht verschmäht, gelegentliche Schlepphilfe auszunutzen, wo Enge des Gewässers bei Gegenwind uns dies als nützlich erscheinen ließ. Wir wollen daher nachstehend einige Fahrten mit unserer recht schnellen und tüchtigen 6,50 m-Jolle „Narowa" beschreiben, wobei in Rechnung zu ziehen ist, daß sie eine sehr praktische Mastlege-Vorrichtung besaß und von einer gut eingedrillten Mannschaft bedient wurde, dafür war sie bei ihrer Breite von zwei Metern sehr schwerfällig zu rudern; von dieser Bewegungsart haben wir denn auch so gut wie gar keinen Gebrauch gemacht.

Berlin — Cammin und zurück.

Am 2. Juli warfen wir in Wannsee sehr früh los, gingen mit dem Schleppzug durch den Teltowkanal, setzten um 5 Uhr nachmittags an dessen Ausgang bei Grünau Segel und kamen bei Abflauen der Westbrise um 9 Uhr vor der eben geschlossenen Wernsdorfer Schleuse am Eingang des Oder-Spree-Kanals an, wo wir nächtigten. Am 3. Juli gingen wir früh um 7 Uhr durch die Schleuse; es war Sonntag und wenig Wind, der noch dazu durch die hohe Forst auf beiden Ufern des Kanals abgedeckt war. So bummelten wir langsam weiter bis dicht vor Fürstenwalde (N). Am 4. Juli wurde die dortige Schleuse passiert, Einkäufe gemacht und die Stadt besehen, was sich bis gegen Mittag hinzog. Dann flotte Fahrt bis zum Kersdorfer See; dort längere Rast, bei abflauendem Südwest noch bis Rönnebrücke (N). Am 5. Juli weckte uns eine frische Brise aus südlicher Richtung und brachte uns rasch nach Müllrose, wo wir bei einem alten Regimentskameraden zu Gast waren und unterhalb der Kanalbrücke nächtigten. Am 6. Juli weiter durch den alten Friedrich-Wilhelm-Kanal mit fünf Schleusen wurde die Oder erreicht. Bei frischer Südostbrise erreichten wir nach kurzem Halt in Frankfurt a. Oder die Gegend vor Cüstrin, wo wir verhältnismäßig früh zur Nacht festmachten. Am 7. Juli segelten wir bis Cüstrin, dessen altertümliche Festungswerke besichtigt wurden, so daß erst nachmittags vor frischem Südost unter Segel gegangen wurde; dicht hinter dem jetzt zum Naturschutzpark erklärten Hängen von Bellinchen lud uns eine malerische Stelle auf dem rechten Ufer schon früh zur Nachtrast. Bei völliger Flaute trieben wir am 8. Juli die Ostoder herunter, machten des Nachmittags einen kurzen Halt zum Proviantieren in Greifenhagen, gingen in der Dämmerung noch über den Dammschen See und nächteten in der Kamelfahrt (zwischen Dammschem See und Papenwasser). Am nächsten Morgen, 9. Juli, weckte uns eine starke vom Papenwasser einlaufende Dünung. Wir kreuzten gegen steifen Nordnordwest über dieses auf; da es uns zu grob war, über das Haff zu gehen, blieben wir zur Nacht in einem geschützten Graben am Nordrand der Stepenitzer Bucht. Am nächsten Morgen (10. Juli) sehr früh auf. Der Wind hatte etwas abgeflaut, so daß wir das Haff mit einem langen Steuerbordschlage überqueren konnten und bei abflauendem Winde abends unser Ziel Cammin erreichten.

Für die ganze Fahrt Berlin—Cammin haben wir also mit dem großen Umweg über den Oder-Spree-Kanal gerade acht Tage gebraucht. Durch den Hohenzollern-Kanal würde man bei einigermaßen passenden Winden etwa die Hälfte gebrauchen. Hierbei wäre bei Zeitmangel eine Schleppfahrt bis zur Lehnitz-Schleuse zu empfehlen.

Wir segelten auf dieser Reise später noch in 1½ Tag um die Insel Wollin (1. Tag Cammin—Dievenow—Swinemünde—Wollin, 2. Morgen Wollin—Cammin). Bei der Rückfahrt nach Berlin segelten wir einen Nachmittag bis Tonnin (an der mittleren Dievenow). Am nächsten Tag waren wir bei frischem Nord am Nachmittag sehr bequem in Stettin, wo wir uns einem Berliner Schleppzug anschlossen.

Eine Rundfahrt von Berlin durch Mecklenburg.

Nachdem wir bei Potsdam übernachtet hatten, hingen wir uns kostenlos an einen Schleppzug, der bis Brandenburg ging, und segelten noch bis zum Plauer See (Nacht). Am nächsten Morgen bei leichter Südwestbrise bis zur Schleuse von Gaartz (N) vor Havelberg, wo wir erst sehr spät nachts haltmachten. Am nächsten Tage gegen steifen Nordwest aufgekreuzt bis Havelberg, dort in der malerischen Umgegend gebummelt, abends längsseits eines Elbeschleppzuges gelegt (N), der uns am nächsten Vormittage gegen steifen Nordwest bis Dömitz schleppte; dort warfen wir 1 Uhr mittags ab und segelten bei abflauendem Winde die kanalisierte Elde aufwärts bis etwa eine Meile vor Eldena (N) am nächsten Tage leichter West weiter bis Grabow, dort Schützenfest, daher bereits nachmittags Schluß der Fahrt (N). Früh weiter über Neustadt durch den Friedrich-Franz-Kanal an der Eldeschleuse (Abzweigung des Störkanals nach dem Schweriner See) vorbei bis vor Garwitz (N). Am nächsten Tage weiter bis Parchim, von da ab war die Elde damals noch nicht kanalisiert, Strom, Mudd, Kraut, flach, Gegenwind, daher nur bis Chaussee-Brücke-Brunnen (N) 3 km von Parchim!

Auch am nächsten Tage schwer geschuftet bis zur Schleuse von Burow (N). Am nächsten Tage im selben Stile weiter bis Passow (N). Noch ein schwerer Arbeitstag brachte uns bis zu den Lalchower Tannen (N). Von hier war der Kirchturm von Plau schon zu sehen, das wir am nächsten Vormittag erreichten. Am Nachmittage streiften wir den Plauer See ab, gingen dann durch den Lenzkanal weiter bis zum Nordufer des Petersdorfer Sees (N). Früh nach Malchow weiter bei stürmischem Nordwest über Fleesen- und Kölpinsee mit langer Rast an der Mühlenbrücke; abends in den kurzen Eldenburger Kanal dicht am Eingang der kleinen Müritz (N). Am nächsten Morgen über die Müritz nach Röbel zum Einkaufen einschließlich Mittagsrast bei Gut Marienfelde, über die von steifem Nordwest starkbewegte Müritz nach dem Bolter Kanal und Carpsee bis zum Eingang des Woterfitz-Sees (N). Am nächsten Tage stürmischer West, lange Rast und Kleider trocknen (einer war ausgestiegen), am Eingang zum Leppiner See, weiter nach Mirow zum Einkauf bis zum Mirower Holm (N). Am nächsten Morgen, als an einem Sonntage, Bummel durch den wundervollen Buchenwald, himmlische Beefsteaks mit anschließendem Nachmittagsschlaf, dann noch durch die Fleeter Schleuse nach dem kleinen Plätzin-See (N). Dann wieder ein Bummeltag auf dem Großen Plätzin-See mit erfolgreicher Hechtangelei (N). Eine leichte Brise aus Westen führte uns am nächsten Morgen über den Ellenbogen See durch die Steinhavel zum Röbliner See. Vor einem aufziehenden Gewitter erreichten wir gerade noch die Schleuse in Fürstenberg (N). Bei Windstille am nächsten Morgen bis hinter die Schleuse Bredereiche getrudelt (N). Nächsten Morgen wieder Flaute mit Regen, lassen uns bis Ragow Schleuse treiben, setzen dann Segel und kommen bis etwa 4 km vor Zehdenick. Nächsten Morgen durch Zehdenick nach unfreiwilligem langem Aufenthalt an der Schleuse Bischoffswerder erreichen wir den Großschiffahrtsweg. Am letzten Tage erreichen wir bei frischem, nach Norden raumendem West, über Spandau das heimatliche Wannsee. Die ganze Fahrt hatte genau drei Wochen gedauert, wobei wir wie auch sonst immer im Boot genächtigt und uns mit Bordmitteln verpflegt hatten.

Unser Loggbuch schließt die Beschreibung dieser Mecklenburg-Fahrt: „Man hörte nur eine Stimme: Es war herrlich gewesen!"

Laßt die Dreiecksegler in den Regatten allsonntäglich um ihre Bojen rutschen, das ist gewiß ein schöner und edler Sport. Aber die rechten Wasserwanderer lassen sich von keinem noch so preislichen Silbertopf auf die Bahn des Ruhmes locken; sie suchen ihre Freude anderswo: In der köstlichen Abgeschiedenheit der stillen

Waldbucht, in der großartigen Entfesselung der Elemente. Für solche Gemüter sind diese Zeilen, dies Büchlein geschrieben, und auf ihr Verständnis hoffen wir.

2. Auf der Fahrt.

Man darf wohl annehmen, daß Leute, die sich auf eine längere Segelfahrt begeben, mit ihrem Fahrzeug einigermaßen umzugehen verstehen. Auf eine theoretische Auseinandersetzung über Windrichtung und Segeln, die zwar seit Jahrzehnten zum A und O jedes Segel-Lehrbuchs gehört, kann daher verzichtet werden. Hier sollen nur einige Ratschläge für Fälle, denen der Segler in seinem Revier nicht oder nur selten begegnet, gegeben werden.

Da ist zunächst das Segeln im Strom für viele Segler eine ganz unbekannte Sache. Man muß bei jedem Manöver, vor allem beim Anlegen, stets mit der Strömung rechnen. Zunächst gilt die Vorsicht den Ankertauen der Schiffe und der Bagger. Man gehe ihnen rechtzeitig und weit aus dem Wege. Es ist sehr ärgerlich und für kleinere Boote direkt gefährlich, wenn man von der Strömung auf solches Ankertau, das bei Baggern oft 100 m und mehr weit reicht, aufgesetzt wird. Oft verfängt es sich auch am Schwert oder zwischen Steuerruder und Spiegel,. man hängt hoffnungslos fest und kann nach stundenlanger Arbeit froh sein, wenn man ohne schweren Schaden loskommt. Wem das einmal passiert ist, der wird sein Leben lang eine heilige Scheu vor Trossen solcher Art nicht loswerden.

Fast ebenso unangenehm sind die schon bei etwas höherem Wasserstande überschwemmten Buhnenköpfe, die sich durch einen leichten, etwas stromab liegenden Schwell kennzeichnen. Wenn man stromab kreuzt, so kann man ihnen sehr leicht zu nahe kommen. Das Wasser strömt über diese flachen Stellen mit doppelter Schnelligkeit und reißt das Boot unversehens mit hinüber, wobei Schwert, Unterwasserschiff und Ruder in sehr unliebsame Berührung mit den spitzen Steinen und Faschinenbündeln des Buhnenkopfes kommen. Ist man über diese hinweg, so ist das Boot plötzlich im Stau und es bedarf einer sehr erfahrenen Hand an der Pinne, um einer plötzlichen, durch die veränderten Strömungsverhältnisse bewirkten eigenmächtigen Kursänderung des Bootes zu begegnen. Meist unterschätzt man die Strömung.

In den strömenden Gewässern, zumal solchen, wo die Gezeiten sich bemerkbar machen, erfreuen sich daher die auf den stromlosen Gewässern Berlins, besondets bei den „Verandaseglern" so hoch im Kurse stehenden „Bojenmanöver" nur einer sehr

53

bedingten Wertschätzung. In der Nähe der Boje oder des Stegs angekommen, läßt der Führer eines größeren Fahrzeugs mit dem Beiboot eine Verhol-Leine ausfahren. Das sieht zwar nicht so elegant aus — aber es ist sicher.

Komme ich da eines schönen Sonntags vor frischem So aus dem Müllroser Kanal im gehörigen Tempo die Oder herunter; vor Frankfurt legen wir den Mast, sausen durch beide Brücken, à tempo standen Mast und Segel wieder und ich wollte unterhalb der Brücken am Bollwerk anlegen. Vorsichtigerweise war ich etwas

Abb. 18. 🐟 Mittagsrast.

davon abgeblieben, um Raum für das Manöver zu haben. Am Bollwerk lag ein Oderkahn, sonst war es frei, auf den Brücken standen viele Neugierige, um sich den fremden Wandersmann anzuschauen. Ich hielt also willig auf das Bollwerk los, um im letzten Augenblick gegen Strom und Wind aufzudrehen. Ich zielte — jetzt kann ich es ja verraten — auf eine Stelle oberhalb des Kahns, wo eine Treppe das Bollwerk unterbrach. Ich zielte aber vergeblich, die Oder hatte nämlich Hochwasser und die schnelle, von mir weit unterschätzte Strömung verschleppte mich viel weiter stromab. Dicht unterhalb des Kahns wurde ein sehr sauberes Anlegemanöver gemacht. Alles staunte, mein segle-risches Gewissen war aber weniger sauber. In solchen zweifel-

54

haften Fällen muß Wurfleine und Staken bereitliegen. Allerdings muß man auch noch zu werfen verstehen. Dazu gehört, daß sie richtig aufgeschossen ist, d. h. das Ende, das beim Wurf am weitesten fliegen soll, muß oben liegen, meist sieht man es aber umgekehrt und der Wurf mißlingt.

Hierüber könnte man, ebenso wie über das Kapitel Schleusen ganze Bände schreiben. Aber auch das hülfe nichts; mancher lernt es nie. Er hängt beim Abwärtsschleusen sein Boot an den am Schleusenpoller festgemachten Tampen auf, bis die Klampe rausreißt; beim Aufwärtsschleusen klemmt er es mit dem Wantenspanner unter eine eiserne Leitersprosse, daß es halbvoll läuft. Am praktischsten ist es, kleinere Fahrzeuge in der Schleuse überhaupt nicht an Land festzumachen, sondern sich mit Hand oder mit Bootshaken (nur an eisernen Beschlägen, Anker oder dergl. anfassen, sonst schimpft der Schiffer!) an einem mitschleusenden Kahn zu halten und mit ihm zu steigen und zu fallen. Daß die Fender schon vor der Schleuse herausgehängt sein müssen, vergessen auch viele Leute und stehen nachher auf der Suche nach dem verfluchten Teufelskram im Boot Kopf, während die wundervoll lackierte Außenhaut an den schmutzigen Ziegelsteinkanten hin und her scheuert.

Falls man an Stellen, wo kein Steg vorhanden ist, eine Landung mit längerem Aufenthalte beabsichtigt, so geht der praktische Jollen- und Jollenkreuzersegler rückwärts an Land. Er nimmt die Segel fort, holt das Ruder ganz hoch und zieht das Fahrzeug, es achtern etwas anhebend, mit dem Spiegel aufs Trockene. So vermeidet er die lästige, das vordere Deck beschmutzende Herumturnerei über das ganze Deck. Gewandte Leute steigen oder langen ohne weiteres vom Land in die Plicht und das Achterschott, um Kissen, Proviant, Töpfe etc. herauszuholen.

Ganz falsch wäre es aber, das Boot für die Nacht so liegen zu lassen. Kommt Wind auf, so zieht es durch die offene Kajüttür oder Zeltluke, die Wellen plätschern laut gegen den breiten Spiegel, die Mücken schleichen sich unter Windschutz aus den nahen Uferweiden heran. Der erfahrene Wandersmann hat bei Beginn seines Rückwärtsgehens bereits einen Anker vorn über Bord gehen lassen und genug Tau oder Kette gesteckt. Jetzt holt er diese ein, und wir liegen nun vor Wind, Geplätscher, Mücken und sonstigen unliebsamen Besuchern geschützt auf dem freien Wasser.

Noch ein Wort über das Treideln. Was sieht man da unterwegs für Bilder? Da benutzt einer die verlängerte Vorleine zum Treideln, mit dem Ergebnis, daß das Vorschiff, weil der Angriffspunkt des Zuges viel zu weit vorn anfaßt, dauernd nach dem Ufer gezogen wird, so daß ein Zweiter bemüht ist, das Fahrzeug ebenso dauernd mit dem Staken vom Land abzuhalten. Auf einer andern Jolle bleibt das Schwert ganz hochgeholt, und die Insassen wundern sich, daß das Boot ebenfalls immer ans Ufer treibt. Zum Treideln steckt man zweckmäßig die Treidelleine an den Fockfall, dessen

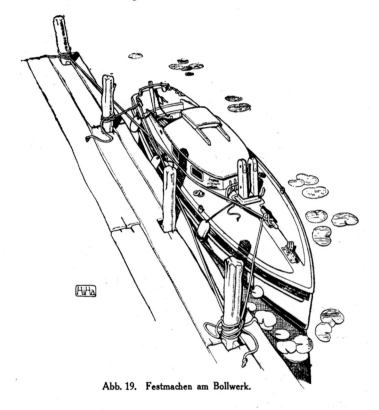

Abb. 19. Festmachen am Bollwerk.

andere Part zum Stützen des Mastes irgendwo auf dem Achterschiff festgelegt wird. So kommt man über die Pfähle und Büsche am Ufer bequem hinweg. Sind unterwegs zahlreiche Brücken zu erwarten, sodaß der Mast gelegt bleibt, so stellt man als Treidelmast den kurzen Bootshaken auf, an dessen Spitze man einen Block festzurrt; durch diesen geht die Treidelleine nach dem Achterschiff. Das Schwert wird etwa zur Hälfte weggefiert. Dann bleibt die Jolle im Ruder.

Für die Schleppfahrt mache man das doppelt zu nehmende Ende an dem Mastpoller fest, führe die einzelnen Parten durch die Lippklampen und belege sie am Vorschiff möglichst weit voneinander. So liegt das geschleppte Boot still und braucht bis auf besondere Vorfälle unterwegs keinen Mann am Ruder. Große Aufmerksamkeit ist aber beim Anfahren und Anhalten der Schlepper nötig; da gehört unbedingt ein Mann auf das Vorschiff, um die Leinen klar von der Schraube zu halten. Sonst gibt es sehr viel Ärger, Kosten und Aufenthalt.

Über das Festmachen am Bollwerk ließe sich vieles sagen. Da sieht man von eifrigen Besuchern des winterlichen Spleißkursus die sonderbarsten Knoten. Ein halber Schlag, nötigenfalls zwei halbe Schläge geben einen sicheren und sich nicht zusammenziehenden Halt. Das ist die wesentlichste Weisheit! Weiter findet man oft ein langes Ende durch einen Festmachering, um einen Poller oder einen Balken des Bollwerks herum und wieder nach dem Boot geführt, wo es fest belegt ist. An sich hatte der Mann ja einen ganz guten Gedanken: er will stets in der Lage sein, vom Boot aus loswerfen zu können, ohne das Land zu betreten. Wenn nicht ganz besondere Gründe vorliegen, so ist diese Art des Festmachens zum mindesten wenig vorteilhaft, weil der an dem Ring oder Poller liegende Teil des Festmachers durch die Bewegung des Bootes bald schamfielt und das betreffende Ende an dieser Stelle dünn und unsicher wird, was man unter Umständen bei nächster Gelegenheit unliebsam zu merken bekommt. Bei einem Balken aber klemmt sich im Laufe der Zeit der Festmacher so stark in eine Ecke, daß man ihn nur nach langer Bemühung und meist nur in beschädigtem Zustande herausbekommt. Wer eine Yacht für längere Zeit an einem Bollwerk gut vertauen will, der mache eine lange Leine am Ankerpoller oder sonstwo vorn auf dem Fahrzeug fest und führe sie nach achtern ans Ufer, eine zweite führt achtern vom Leitwagen diagonal dazu nach vorn ans Ufer, hierzu noch zwei kurze Festmacher vorn und achtern, dann liegt das Boot wie in Abrahams Schoß. Vor dem Absegeln nimmt man nach Einholen der kurzen Festmacher die langen Leinen um den Poller oder durch den Ring nach dem Boot klar zum Loswerfen Nun kann man mit Hilfe der langen Leinen das Ablegemanöver unterstützen und sie dann einholen.

Im übrigen macht nichts einen lächerlicheren Eindruck, als wenn eine kleine Jolle erst feierlich „verholt" wird, um Segel zu setzen, es sei denn, daß bloß ein Mann allein an Bord ist. Wenn zwei fixe Jungens drauf sind, so müssen während des Ablegens die Segel hochgehen, und das Boot ist längst in Fahrt, ehe der Kümmerling seine „Takelboje" erreicht hat.

3. Unterkunft.

Soll man an einer Bootsreise wirklichen Genuß und auch vor allem Erholung finden, so ist neben ausreichender und wohlschmeckender Verpflegung eine bequeme Schlafgelegenheit das

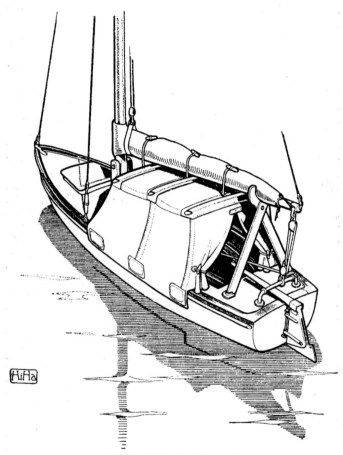

Abb. 20. Praktisches Wanderzelt.

Notwendigste. Nichts ist auf einer solchen Reise unerfreulicher, als nach anstrengender Tagesfahrt auf harten Brettern seine müden Knochen kasteien und dazu noch frieren zu müssen. Der häufigste Grund zu einem vorzeitigen Abbruch einer solchen Fahrt liegt doch vielfach in dem Mangel an hinreichender behaglicher Schlafgelegenheit. Bereits am dritten Abend sieht man dann die Unglücklichen im Dunkeln über Stock und Stein stolpern und durch sumpfige Wiesen watend, einem dürftigen Dorfwirtshause zustreben, um sich dort für teures Geld einmal ordentlich ausschlafen zu können. Am nächsten Morgen zurückkehrend, finden sie, von hungrigen Wanzen gänzlich zerbeult, an und in ihrem Boot die gesamten Dorfkinder versammelt; die reifere Jugend beobachtet nach Sozialisierung der Zigarettenvorräte des Kapitäns neugierig vom Ufer aus das Eintreffen der Mannschaft mit einer Papyros im Munde, während die Kleinen die willkommene Gelegenheit benutzt haben, um auf dem glatten Mahagonideck mit Zuhilfenahme unserer neuen Kaffeetassen aus dem moddrigen Uferschlamm „Backe, backe Kuchen" zu spielen.

Eine behagliche Nachtruhe kann man aber bei einigermaßen Vorsorge viel billiger und zweckmäßiger in seinem Boot haben.

Bei größeren Kajütyachten, die nur etwas für Wanderzwecke zugeschnitten sind, ist es selbstverständlich, daß wie für eine gute Kombüse, so auch für eine ebensolche Schlafgelegenheit gesorgt ist. Und das schnelle Aufblühen des Jollenkreuzertyps zeigt, wie wichtig und geschätzt eine gute Unterkunft ist, war doch der Jollenkreuzer in erster Linie als Wanderboot gedacht. Aber auch bei offenen Jollen kann man bei verständiger Anleitung oder aus längerer eigener Praxis das Schlafen im kleinen Boot, das sich sonst zur Tortur gestaltet, zu einer wirklichen Erholung gestalten. Wir geben hier einige Ratschläge.

Die große Plicht wird nachts mit einem Zelt überspannt. Von den vielen angepriesenen Mustern empfehlen wir eines der einfachsten. Das Zelt besteht aus einem für das Kockpit zugeschnittenen sehr guten wasserdichten Persenningstoff. In diesen sind querüber Stofftaschen genäht, die zur Aufnahme von Spreizlatten dienen. Mit diesen Latten, die der Größe der Kockpitbreite entsprechen, geht nun das Aufstellen des Zeltes folgendermaßen vor sich: Der Bock wird erst hochgestellt, die in die Stofftaschen eingeschobenen Spreizlatten dicht darunter festgezurrt, die Ösen an die außerhalb am Waschbord sitzenden Knöpfe angeknöpft und das Zelt hinten zugeschnürt, und fertig ist es. Dauer höchstens fünf Minuten. Je nach der Stellung des Bocks kann man bequeme Sitzhöhe auf den Bänken haben und vermeidet dabei den so oft vorhandenen Übelstand des lose über den Baum gelegten Persennings, das im Bogen in das Boot hereinhängt und taunaß dem Erwachenden ins Gesicht schlägt. In mückenreichen Gegenden empfiehlt es sich, das Zelt gut zuzuschnüren, sodaß es auch für die blutdürstigste Mücke unzugänglich ist, die mit ihrem feinen Summen die sonst so ruhige Nacht zu einem Schlachtfelde umwandelt. Ist es zu kalt in dem hochgestellten Zelt, so kann man durch Fieren der Tampen das Zelt niedriger und damit wärmer werden lassen. Hat man solch' ein vorschriftsmäßiges Zelt über dem Kopf, so kann man ruhig schlafen, mag es noch so regnen und stürmen. Ein aus gutem Stoff gefertigtes und richtig hingespanntes Zeltpersenning läßt nicht einen Tropfen durch. Das haben wir in manchen schweren und langdauernden Gewittergüssen erprobt.

Um nun auch weich liegen zu können, hat der Wandersegler vor allem Decken, Kissen und womöglich für jeden Mann einen Schlafsack mitzunehmen. Unter Kissen verstehe man nicht fälschlich solche weiche Daunensäckchen, sondern härtere mit Renntierhaaren gefüllte viereckige Kissen mit wasserdichtem Stoff bezogen. Sie werden, wenn sie als Matratze dienen, durch kleine Riemen verbunden, so daß zwischen den einzelnen Kissen ein Abstand von 5—10 cm bleibt, da finden dann Hüftknochen und Schulter Gelegenheit, sich einzuschmiegen. Auch als Rettungsringe benutzt man sie; zu dem Zwecke läuft eine lose Schnur um sie herum. Auf diese Kissen kommt der Schlafsack, unter welchem man, um die genügende Weichheit zu bekommen, eine sachlich zusammengelegte Wolldecke legt. Der Schlafsack ist ein sehr wesentlicher Teil des Bettes. Aus seinem Inneren holt man noch folgendes heraus: Nachthemd oder Schlafanzug, ein weißbezogenes Daunenkopfkissen und eine zweite Decke, die für besonders kalte Nächte bestimmt ist. Außerdem stecken in ihm noch ein paar lange wollene Strümpfe. Sollte man abends sehr kalt und naß oder durchgefroren sein, so zieht man diese an. Sie sind, den Grog nicht zu vergessen, ein vorzügliches Mittel, um den Körper rasch wieder zu erwärmen. Ist man erwärmt, so braucht man sie nur abzustreifen. Ganz große Schlemmer knöpfen in den Schlafsack noch einen weißen Bettbezug ein.

Bei solcher Schlafeinrichtung kann man sich abends auch vollkommen auskleiden und in das Nachthemd oder den Schlafanzug steigen, was zu einem wirklich erquickenden Schlafe unbedingt beiträgt. Viele ziehen in der Furcht vor der Kälte für die Nacht alles, was einigermaßen nach Bekleidung aussieht, an. Sie wundern sich, wenn sie morgens unausgeschlafen und frierend aufstehen. Ist man auch einmal gezwungen, ohne Nachthemd zu kampieren, so muß man, wie jeder alte Feldsoldat weiß, nicht in den Sachen, sondern darunter schlafen, also die Sachen nicht anziehen, sondern ausziehen und sich damit zudecken.

Am andern Morgen wird dann der Schlafsack, in den das Bettzeug wieder eingepackt ist, zusammengeschnürt und ganz vorn im Vorschiff verpackt, wo er gegen Bilgewasser und Spritzer wohl geschützt ist. So hat man die angenehme Gewißheit, daß man nach auch noch so stürmischen Regentagen des Abends in eine warme, trockene, behagliche Koje kriechen kann.

Man gehört dann nicht zu den allzu oft geschauten bedauernswerten Wanderwassersportlern aller Fakultäten, die schon lange vor Sonnenaufgang durch Schnellauf oder Bockspringen versuchen, die zitternden Knochen zu wärmen und gelenkig zu machen. Im Gegenteil, es kostete bei uns stets Mühe, die Mannschaft morgens rechtzeitig aus dem gesunden Schlaf zu reißen, und schon manches Mal hat die dröhnende Stimme des Kapitäns, die dann in Bitten und Zureden überging, nicht vermocht, die Mannschaft schon zu der Zeit aus den Kojen zu holen, die der Gestrenge für angemessen hielt; ein Zeichen, daß wir uns in unserer warmen Bettstatt so wohl wie zu Hause fühlten.

* * *

Jedoch: man kann sich nicht immer sein Boot aussuchen. Gern würde mancher seine Fahrten in einem größeren und bequemeren Boot unternehmen, aber . . . Nun, uns ist es als Anfänger auch so gegangen, wir haben lange Jahre in einer kleinen offenen Jolle ohne Zelt unsere Fahrten gemacht. Das Segel übergedeckt, unter den Bänken zusammengequetscht geschlafen und gefroren oder auch im Heuhaufen übernachtet.

Zweifellos ist das kleine Zelt eine billige und praktische Aushilfe. Es gibt so mannigfache Arten, daß wir hier nur einige selbsterprobte Muster anführen wollen. Da nennen wir das kleine Hauszelt für 2—3 Personen. Es ist praktisch eingerichtet, leicht, wetterfest, nimmt wenig Raum ein und entspricht allen Anforderungen, die man an ein so kleines und billiges Zelt stellen kann, von dem man natürlich keine Stehhöhe verlangen kann. Sein besonderer Vorzug liegt darin, daß das Aufschlagen im Gegensatz zu den kleinen Militärzelten, die zusammengeknöpft werden müssen, und den größeren Hauszelten, bei denen ein sorgfältiges Anpassen der Halteleinen im Hinblick auf die Zugrichtung notwendig ist, viel rascher und bequemer vor sich geht. Bei dem von der Firma Robert Reichelt gelieferten Musterzelt wird ein passender Zeltboden mitgegeben, der die Zeltbewohner vor der aus dem Boden aufsteigenden Feuchtigkeit schützt.

Ein anderes in Amerika sehr beliebtes Muster, ebenfalls einfach, billig, wetterfest, ist das Pyramidenzelt, das überall da, wo am Ufer oder in der Nähe desselben Bäume stehen, schnell und standsicher aufgerichtet werden kann. Es hat den bei längerem Aufenthalt sich sehr angenehm bemerkbar machenden Vorteil der

Stehhöhe. Für längere Reisen ist es praktisch, die starke Schnur, die das Zelt trägt, ein Stückchen in das Innere zu verlängern und an ihrem Ende ein paar derbe Haken anzubringen, an denen man seine Sachen aufhängen kann.

Im übrigen verweisen wir für längeren Zeltaufenthalt, den gerade der erfahrene Wandersegler gern in seinen Reiseplan aufnimmt, auf den weiter hinten folgenden Abschnitt „Zeltleben".

4. Die Verpflegung.

Wer alljährlich gewohnt ist, mit seinem Wanderfahrzeug ein paar Wochen unterwegs zu sein und dabei unabhängig vom Wirtshause zu leben, der wird nicht nur auf eine ausreichende, sondern auf eine gute Verpflegung Wert legen. Einmal reist man ja doch zu seinem Vergnügen, dann aber erfordern das Freiluftleben und die Strapazen, die bei solchen Reisen unvermeidlich sind, eine genügende Kräftigung des Körpers. Es gehört also die Frage der Verpflegung zu den wichtigsten Vorbereitungen für eine längere Wanderfahrt. Sonst kann man recht unangenehme Überraschungen erleben, denn nicht immer ist es möglich, eine Verpflegungsstätte zu erreichen. Ja, es gibt auch viele Dorfwirtshäuser, die selbst den bescheidensten Ansprüchen nach ein paar Eiern und etwas Schinken nicht nachkommen können, teils, weil sie die nötigen Vorräte nicht zur Hand haben, teils scheut man sich aber auch aus Bequemlichkeit, solchen seltenen Gästen ihre wunderlichen Wünsche zu erfüllen. Dorfgasthäuser sind meist nur auf den Konsum von Bier und Schnaps eingestellt. Man ist also auf eigene Kochkunst und auf eigenen Vorrat angewiesen.

Es gibt zwar Segler, die sich nur auf die Arbeitsfreudigkeit ihres mit Spiritus oder Petroleum geheizten Primuskochers verlassen. Sobald dieser aber mit einem leichten Seufzer sein Leben aufgibt und weder mit Zureden und erst recht nicht mit Gewalt wieder in Schwung kommen will, dann sind sie mit ihrer Kunst zu Ende. „Wir essen eben kalt" heißt es. Das ist ganz verkehrt. Wir haben auf unseren längeren Jollenreisen den Primuskocher zwar immer mitgehabt, doch haben wir ihn nur selten gebraucht, weil wir, wenn es nur irgend ging, den Kochgraben benutzten.

Der sehr bekannte und auch viel benutzte Primuskocher hat sicher seine großen Vorzüge, er ist in seiner einfachen Ausführung an sich leicht zu bedienen und entwickelt eine gleichmäßige und starke Hitze. Dadurch ist dem Smutje die Möglichkeit gegeben, das Kochen der Gerichte so zu bemessen, daß Fleisch und Kartoffeln, oder was man sonst zusammengestellt hat, gleichzeitig warm auf „den Tisch" kommen. Aber um dieses Ziel zu erreichen, muß man bis zu drei Flammen in Betrieb haben, und wenn man sich ansieht, was für einen Platz allein schon ein Kocher an Bord im Stauraum einnimmt, dann wird man bereits hier seine Bedenken bekommen. Es ist ja wahr, daß das Töpfescheuern, das an Bord allgemein sehr unbeliebt ist, sehr erleichtert wird, und daß dem Smutje das rauchlose Kochen angenehmer ist. Doch habe ich bisher keinen richtigen Wandersegler gesprochen, der noch nicht mit seinem Kocher einen wenn auch nicht ewigen Kampf ausgefochten hat. Einmal geht Spiritus oder Petroleum aus, ein andermal hat der Smutje die Düsenreiniger verlegt, und dann versagt zum Schluß die Pumpe. Dann will's keiner gewesen sein, der Smutje bekommt natürlich ein's aufs Dach. Jeder will dann den Schaden „im Augenblick" beseitigen. Darauf stehen alle ärgerlich im Boot und warten — aufs Essen. Schlußakkord: „Wir essen eben kalt".

Trotzdem bleibt der Primuskocher ein unentbehrliches Hilfsmittel für jeden Wandersegler, er ist leicht zu handhaben, entwickelt rasch eine große Hitze und wird vom Winde so gut wie gar nicht beeinflußt; ein Umstand, der den gewöhnlichen Spirituskocher an Bord nahezu unbrauchbar macht, falls man ihn nicht mit einem, die Bedienung erschwerenden umfangreichen Windschutzapparat versieht. Als Brennstoff wird der sehr hochprozentige Brennspiritus der Reichsmonopolverwaltung empfohlen. Er entwickelt eine ganz außerordentliche Hitze, so daß es notwendig ist, die Flamme stark abzudrosseln, sowie das Wasser zum Sieden gebracht ist. Weiter hat er den Vorteil, daß er nicht nur in Flaschen, sondern auch in für das Verstauen recht zweckmäßig geformten flachen Blechgefäßen geliefert wird, so daß die stete Angst um das zerbrechliche Glas vermieden wird.

Hierbei möchten wir gleich auf die ähnlich geformten und bedeutend größeren Blechgefäße zur Mitführung von Frischwasser aufmerksam machen, die in den Fachgeschäften zu haben sind. Sie sind ein trefflicher Ersatz für die unförmlichen in einem kleineren Fahrzeug kaum unterzubringenden großen Korbflaschen.

Im allgemeinen wird aber der erfahrene Wandersegler lieber den Kochgraben verwenden. Man schneidet einen etwa Spatenblatt tiefen Graben, dessen Breite etwas kleiner ist als die dafür zu verwendenden Töpfe und Pfannen, recht vierkant in die Erde. Und zwar so, daß der Wind möglichst auf die vordere Öffnung steht. In dem Graben wird das Feuer angemacht, auf dünneres Reisig folgen stärkere trockene Äste, um eine intensive anhaltende Glut zu erzielen. Auf solchem Graben kann man, was sein Hauptvorzug ist, eine Anzahl Töpfe zugleich aufsetzen, im Gegensatz zum Primuskocher.

Aus alter Erfahrung hat sich dabei folgende Anordnung bewährt: ganz hinten steht der etwa 3—5 Liter fassende große Wasserkessel, dessen Inhalt sowohl zum Kaffee und Tee machen, wie vor allem auch zum Abwaschen dient, das ohne warmes Wasser zur Qual, mit heißem Wasser zum Vergnügen wird. Neben diesen Wasserkessel kommt der Topf mit Kartoffeln, dann erforderlichenfalls noch ein solcher mit Gemüse, und ganz vorn ist der Platz für die Bratpfanne. Die nicht leichte Aufgabe des Smutje ist nun, für das gleichzeitige Garwerden der verschiedenen Gerichte zu sorgen, z. B. darf mit dem Braten der Koteletts erst begonnen werden, wenn die Kartoffeln und das Gemüse fertig sind. Sie werden auch noch fertig, wenn die Kartoffeln abgegossen werden, dann ist sogar noch Zeit, die nötigen Tunken, die in Ermangelung saurer Sahne mit ungesüßter kondensierter Milch angesetzt werden, herzustellen. In dieser Hinsicht ist es ratsam, daß nicht nur der Smutje, sondern jeder Wandersegler überhaupt mal eine Unterrichtsstunde bei Mutter oder Schwester nimmt, und nicht, wie es meist geschieht, seine Erfahrungen in der Kochkunst erst auf Kosten seiner Mitsegler sammelt.

Das beste Getränk zu den Mahlzeiten an heißen Tagen ist der nicht zu starke Tee mit Zitrone, möglichst ohne Zucker. Ein erquickendes Getränk, das auch im abgekühlten Zustande sehr erfrischend schmeckt. An kühlen Regentagen gebe man dem Tee durch einen guten Schuß Rum die nötige Durchschlagskraft.

Schon aus dem Vorgehenden ergibt sich im allgemeinen das gebräuchliche Geschirr. Man benötigt, wie schon oben erwähnt, einen großen Wasserkessel (in den niemals etwas anderes als Wasser hineinkommen darf), einen großen Topf mit abschließendem Deckel für die Kartoffeln, einen etwas kleineren für das Gemüse und einen kleinen Topf, um die Tunke mit der Einbrenne usw. vorzubereiten. Ferner brauchen wir eine Kanne, in der Kaffee, Tee oder Kakao aufgebrüht wird. Auch in dieser dürfen niemals fettige Sachen zubereitet werden. Messer, Gabel, Löffel nehme man aus dem etwas teureren aber sehr angenehmen Nirosta-Stahl. Sie werden mit etwas heißem Wasser abgewaschen und sehen dann stets blank und neu aus und nehmen auch keine Gerüche an. Das bei Wandersleuten sehr beliebte Aluminium ermüdet bald, Gabeln und Löffel brechen dann wie Zunder. Salz und die nötigen Gewürze führt man am besten in kleinen verschraubbaren Porzellandosen mit. Ebenso müssen Kaffee, Tee und Kakao in wasserdichten Büchsen mitgeführt werden. Für die Suppenwürfel, Erbswurst und dergleichen bewährt sich eine dichte Blechbüchse.

Es folgt nun der normale Verlauf der Verpflegung an zwei verschiedenen Segeltagen in der Annahme, daß Gelegenheit war, bei kurzem Halt am letzten Flecken frisches Fleisch in Gestalt von schönen Rumsteaks und einer Hammelkeule einzukaufen.

Der Kapitän wirft früh am Morgen als ersten den Smutje aus seinen Decken. Dieser begibt sich mit dem halbgefüllten Wasserkessel, Bratpfanne, Kaffeekanne, Tassen, Tellern und Bestecks zur Kochstelle. Dort bläst er die seit gestern noch im Kochgraben vorhandene Glut an, legt neues Holz darauf, setzt den Wasserkessel über die Flammen und hat nun Zeit, mit Seife, Handtuch und Zahnbürste seine Morgentoilette vorzunehmen. Währenddessen fängt das Wasser an leise zu brodeln. Er versenkt das Teei in die Kanne, greift zur Bratpfanne, die er mit einer handfesten Scheibe Speck je Nase tapeziert und über das Feuer stellt. Dies ist der Augenblick, wo auch die andere Mannschaft über Bord hüpft oder steigt, denn niemand darf ungewaschen und unrasiert zum Morgenfrühstück antreten. Mittlerweile hat der Smutje auf jede Speckscheibe mit geübter Hand zwei Setzeier gepflanzt, und liebliche Düfte mahnen die anderen zur Beschleunigung ihrer Toilette.

In erstaunlich kurzer Zeit ist dies Vorgericht verschwunden, und jeder kann nach Belieben Brot und Wurst draufsetzen. Über Tag gibt es alter Sitte nach höchstens etwas Obst, um die Verdauung in Gang zu halten.

Dann segelt man den ganzen Tag den schönen Strom hinunter, der Wind ist raum, die Sonne brennt; doch wenn der späte Nachmittag heranrückt, geht der Wind langsam schlafen, und in der Magengegend verspüren alle ein leises Rühren. Da winkt hinter zwei Buhnen eine liebliche Stelle, ein alter Kiefernhochwald sendet seine letzten knorrigen Bäume auf sanft hingeneigtem Hang bis zum Ufer hin. Keine menschliche Siedlung weit und breit. So beschließt man, hier die Segelfahrt für den heutigen Tag zu beenden, obwohl man bequem noch einige Kilometer zurücklegen könnte. Aber gerade das Lagern auf reizvollem Fleck gehört ja mit zu den schönsten Erlebnissen eines Wanderseglers auf solcher Fahrt. Wir opfern dafür gern einige Kilometer.

In schön geschwungenem Bogen schießt die Jolle um den Buhnenkopf, nicht weit vom Ufer fällt der Anker in das hier schon flache Wasser, und während die anderen die Segel bergen, kramt Smutje schon in seinen Töpfen und Vorräten. Man holt die Jolle bei hochgeholtem Ruderblatt mit dem Spiegel ans Ufer und hebt sie mit vereinten Kräften ein Stück heraus, so daß man Töpfe, Teller und Vorräte bequem vom Ufer aus dem als Küche und

Vorratsraum dienenden Achterschott herauslangen kann. Dadurch wird die sonst übliche langweilige und viel Schmutz ins Boot tragende Rennerei über das Vorschiff usw. vermieden.

Jetzt beginnt eine rege rollenmäßig geordnete Tätigkeit. Der Kapitän sucht dürres Holz, das in großen Mengen unter den Kiefern liegt. Der Bestmann sticht mit kundiger Hand den Kochgraben aus, der Smutje holt und ordnet das Kochgerät. Sein erfreulicher Speisezettel lautet heute: „Rumsteak mit Leipziger Allerlei, Kirschenkompott." Schon prasseln die Flammen am dürren Reisig hoch unter dem unvermeidlichen Wasserkessel, der, am weitesten zurück, seinen Ehrenplatz eingenommen hat. Davor kommt der große Topf mit Pellkartoffeln, neben ihm steht, aber noch den Flammen entrückt, der Topf mit dem einer Konservendose entnommenen Gemüse, das ja nur eines kurzen Aufwärmens bedarf. Während alles dieses im Gange ist, bereitet der Smutje die Beefsteaks und die Tunke vor.

Es ist merkwürdig, wie wenig Leute ein saftiges Beefsteak bereiten können. Bei den meisten verwandelt sich das schönste Fleisch in zähes Sohlenleder. Daher scheint hier eine kleine Unterweisung angebracht. Zunächst klopfe man niemals das Fleisch, es sei, daß es von einer dreißigjährigen Rosinante stammt, die früher Rennen gelaufen ist; zweitens stochere man niemals mit einer Gabel in dem Fleisch herum, der kostbare und wohlschmeckende Fleischsaft geht sonst verloren. Zuerst wird die Pfanne ohne Butter oder Fett heiß gemacht, dann werden die Beefsteaks einzeln auf jeder Seite für einige Sekunden in die Pfanne gelegt, bis sie grau erscheinen, was in wenigen Augenblicken der Fall ist. Nun werden sie wieder herausgenommen, gesalzen und gepfeffert und zum eigentlichen Braten bereitgelegt. Diese Vorbereitung ist nötig, um die Poren des Fleisches zu schließen und somit zu verhindern, daß der Fleischsaft beim Braten, wie es sonst geschehen würde, in die Pfanne läuft, worunter die Zartheit und Schmackhaftigkeit leidet. Nun wird das Fleisch zunächst weggestellt. Mittlerweile fangen die Kartoffeln an, weich zu werden, und der Gemüsetopf wird näher an das Feuer herangerückt. Jetzt kommt der große, aber schwierige Augenblick! Der Bestmann wird beordert, sie abzugießen, sowie Teller und Bestecks bereitzustellen. Unterdessen bräunt der Smutje in der Bratpfanne ein Stück Butter. In diese braune Butter legt er flach nebeneinander die Beefsteaks und bratet sie unter Umwenden je nach ihrer Dicke 4—6 Minuten. Das ist nun Sache des Gefühls und zugleich der beste Prüfstein für die Kochkunst. Alsdann werden die heißen fertigen Beefsteaks abseits mit einem Teller zugedeckt. Die vorher vom Smutje in dem kleineren Topf zusammengequirlte Tunke wird nun in die Bratpfanne gegossen, und im Nu ist auch diese fertig.

Das Mahl kann beginnen. Die Beefsteaks sind weich und zerfließen auf der Zunge wie ein Septemberpfirsich; die mit einigen Wacholderbeeren angesetzte Sahnentunke läßt an Hasenbraten und sonstige Köstlichkeiten denken, die Schoten und Brechspargel sind zart und erinnern nicht an jenes auf den Truppenübungsplätzen gereichte Massenfutter, das einst der Leutnant als „Rundtreffer und Querschläger mit Scheibenkleister" bezeichnete. So scheint eine Schilderung der Mahlzeiten selbst überflüssig.

Nach der Beendigung streckt sich der Kapitän wohlig aufstöhnend auf seiner Matratze, um sich einem erfreulichen Verdauungsschlafe hinzugeben. Die Mannschaft „darf" mittlerweile abwaschen, was mit Hilfe von etwas heißem Wasser aus dem Teekessel mit Schnelligkeit vor sich geht. Dabei stellt sich heraus, daß dank der weisen Voraussicht des Smutje, trotz des großen Hungers, noch eine beträchtliche Menge Kartoffeln übrig geblieben ist.

Rasch werden diese abgepellt und für das morgige Frühstück aufbewahrt. Dabei verleihen sie, mit hereingeschlagenen Eiern als Bauernfrühstück frisiert, der Morgenmahlzeit einen soliden Untergrund.

Der Kapitän hat sein Schläfchen beendet, stopft die Shagpfeife mit echtem Virginia und schreit nach etwas Trinkbarem, das in Gestalt von Tee mit Zitrone schon bereit steht. Die Sonne sinkt hinter den jenseitigen Hängen des breiten Stromtales, zu dessen unzugänglichen Brüchen Hunderte von Kranichen mit heiserem Schrei über unsere Häupter zustreben. Aus dem nahen Röhricht summen die ersten Mücken heran. Sie sollen einen warmen Empfang haben. Ein Haufen grüner Wacholder- und Kiefernzweige auf die Glut des Kochgrabens gestülpt, verbreitet einen mächtigen Qualm, der sich weit am flachen Ufer ausbreitet und jede Mücke auf hundert Meter im Umkreis das Weite suchen läßt. Bis auf den Teekessel werden dann die Töpfe und Teller ins Boot zurückgeschafft und das Zelt darüber gespannt.

Aus Anlaß des gelungenen Tages hat der Kapitän eine halbe Flasche Rum geopfert, und die im Abenddunkel zuckenden Flammen wecken in uns alte Erinnerungen. Da tönt es hinter uns, „Guten Abend". Der Forsthüter hat auf seinem abendlichen Begang den Feuerschein erblickt und will nach dem Rechten sehen. Halb mißtrauisch, halb neugierig kommt er näher. Aber mit dem jedem Naturmenschen eigenen Instinkt erkennt er bald, daß er harmlose Wanderer vor sich hat. Willig folgt er unserer Einladung, sich ans Feuer zu setzen. Es entspinnt sich ein Gespräch über Kriegsfahrten und waidmännische Erlebnisse bis tief in die sternenhelle Nacht hinein. Nach einigen Gläsern Grog empfiehlt sich der Forsthüter. Dann wirft man noch einige dicke Scheite Holz in die Glut, damit sie bis zum nächsten Morgen andauert, schiebt das Boot ins Wasser und verholt es am Anker, bis es frei in der kleinen durch die Buhnen geschaffenen geschützten Bucht schwimmt, knüpft das Zelt sorgsam gegen die Mücken zu und ist bald in Morpheus Armen versunken.

Am frühen Morgen wacht man durch das Pfeifen einer frischen westlichen Brise in den Wanten auf. Der heutige Tag müßte uns voraussichtlich über den Dammschen See und das Papenwasser, vielleicht auch noch über das Haff bis in die Dievenow bringen. Da sieht es mit dem Abkochen an Land recht übel aus, der bei dem steifen Westnordwest zu erwartende Seegang begünstigt die Benutzung des Primuskochers an Bord der Jolle auch nicht gerade. Da mußte die Kochkiste, die in Gestalt eines diesmal eisernen „Smutje" der Firma Bodo Egestorff, Berlin SW 61, in handlicher Form aus Stahl und Aluminium mitgeführt wird, heran. Im Anschluß an das Morgenfrühstück werden zur Vorbereitung für das Mittagessen im voraus die zwei Pfund Hammelfleisch nebst einer Portion Zwiebeln in kleine Stücke zerschnitten und mit Butter angebraten. Der Reis mit viel Wasser, einer Prise Curry und Sellerie in den Kochtopf gesteckt, das Fleisch dazu. Das Ganze kocht leise etwa 20 Minuten, dann schnell in die runde Büchse, luftdicht zu und in die zuständige Ecke verstaut! Nun kann man Mittag essen, wann und wo man will.

Schon auf dem Papenwasser stand eine recht erfrischende Welle und schickt grünes Wasser über das weit eingedeckte Vorschiff der leichten, aber wetterfesten Jolle. Auf dem Haff muß es übler aussehen, so macht man denn gegen zwei Uhr nachmittag an dem Ostufer des Leitholm (künstliche Insel am Ausgang des Papenwasser nach dem Haff) fest, etwas durchgefeuchtet und erfroren. Den Smutje und die Teller heraus, die Löffel in die Hand! Wie schmeckt da das warme Reisfleisch und der heiße, morgens in die Thermosflasche gefüllte Tee.

Diese Verpflegung aus der Kochkiste ist so bequem, daß man sie heute vielfach dem normalen „Abkochen" vorzieht. Geradezu unentbehrlich ist sie aber für alle diejenigen, die mittags eine warme Mahlzeit haben müssen und nicht bis zum Abend warten wollen oder können. Man kann auch während der Fahrt speisen. Der Hauptvorteil liegt darin, daß man nach einer kleinen Mühe und Vorbereitung am Morgen seine warme Hauptmahlzeit mundgerecht mit sich führt und essen kann, wo und wann es einem paßt. Gerade der erfahrene Wandersegler, der nicht weiß, wohin und wie lange er segelt, der unabhängig von Kochstelle und Zeit sein möchte, wird dies zu schätzen wissen.

Man liegt hier ganz im Windschutz der Insel, warm scheint die Sonne auf den Rücken. So wird denn eine lange Mittagsruhe gehalten, bis der Kapitän nach Kaffee schreit, der auf dem Primuskocher schon bereitet ist. Dann kommt der Entschluß, Wind und Wetter werden betrachtet. Brise und Seegang sind im Nachlassen. „Klar bei Piek und Klau, heiß vor!" und zehn Minuten später jagt man mit geschrickter Schot und nur halb gefiertem Schwert in einer kräftigen Dwarssee über die Schaar auf dem östlichen Haffufer in Richtung der Wolliner Einfahrt. Es ist noch nicht dunkel, und sie ist erreicht. Hinter der Brücke wird festgemacht, um die gelungene Überfahrt im Städtchen mit einigen wohlverdienten Schoppen zu begießen.

„Wenn man aber nun keine Kochkiste und kein Hammelfleisch hat?" so höre ich schon fragen. Nun dann, lieber Wasserwanderer, dann mache auf dem Primus deine Erbskonserven heiß, öffne eine Büchse Würstchen, lasse sie in der nicht zu dicken Suppe fünf Minuten ziehen (nicht kochen!), schneide dir einen ordentlichen Kanten Brot dazu ab, und du wirst auch satt und zufrieden werden. Jeder besondere Fall erfordert eben auch besondere Maßnahmen. Aber diese Konservenfutterei hat man bald über. Es empfiehlt sich daher, bei längeren Reisen den Verbrauch von Konserven möglichst auf Ausnahmefälle zu beschränken. Außerdem sind sie verhältnismäßig teuer, schmecken, wenn man sie zu lange aufhebt, was auch vorkommen soll, alle über einen Leisten, gleich ob sie „Krammetsvögel mit Sauerkohl" oder „Bohnen mit Schweinefleisch" darstellen sollen. Sie widerstehen deswegen bald, die Ärzte sagen, es kommt daher, daß durch die lange Erhitzung mit den Bakterien auch die „Vitamine" vernichtet sind. Daher schreit man bei langem Konservenessen nach einer frischen Pellkartoffel wie der Hirsch nach frischem Wasser.

Sehr empfehlenswert sind die Maggi-Suppenwürfel, nicht die aus dem Felde hinreichend bekannten „Bouillonwürfel", die man damals mit bestem Erfolg zum Stiefelschmieren benutzte, eine Verwendung, die ihrer Qualität durchaus entsprach, sondern Erbssuppe mit Reis, Kartoffelsuppe, Mokturtle, von der ich, während der Inflationszeit in einem dänischen Hafen eingeweht, beinahe eine Woche mein Leben gefristet habe. Wenn man durch irgendwelche Gründe mal gezwungen ist, „kalt" zu essen, so gibt ein Teller warme Suppe mit Speckwürfel darin immer noch das behagliche Gefühl des „Gegessenhabens".

Überhaupt gehört Speck zu den wichtigsten Proviantvorräten. Es ist der letzte Rettungsanker des Smutje; wenn gar nichts mehr da ist, so säbelt er ein paar Scheiben von der Speckseite in die Pfanne, wenn möglich, noch ein paar Eier darauf, Pellkartoffeln dazu, ein herrliches Gericht.

Dann die Fische. Merkwürdig, daß Leute, die auf dem Fluß und der See herumfahren, so wenig Fische essen, wo sie doch dort am billigsten und vor allem am schmackhaftesten sind. Ich will hier nicht vom Angeln sprechen, die meisten Wandersegler sind in dieser Beziehung zu unbegabt, um sich mit der Rute ihren Tagesbedarf herauszuholen. An anderer Stelle soll davon die Rede sein. Aber man trifft doch immer unterwegs Fischer, die gern etwas von ihrem Fang abgeben. Am liebsten gegen Tabak oder einen „Schluck“, da sie unter freiem Himmel auf Geld weniger Wert legen. Deshalb soll für solche Fälle immer ein ordentlicher „Köhm“ bereit liegen. Jedem Fischer einen strammen Zug, eine Zigarre, und man hat die schönsten springlebendigen Brathechte. Diese allein sind es schon wert, daß sofort ein Stop in der Fahrt eingelegt wird: abgestochen, ausgenommen, geschuppt, in die Pfanne und schön knusperig gebraten: mein Herz, was willst du noch mehr?

Hier konnte natürlich nur ein kleiner Ausschnitt gegeben werden aus der Mannigfaltigkeit der Gerichte und ihrer Zubereitung. Es gibt immer Leute, die mit Passion kochen und die es in dieser Kunst auch zu einer hohen Vollkommenheit bringen, allerdings ohne die Hausfrauentugend der Sparsamkeit. Beefsteaks, Rumpsteaks, Schweine- und Hammelkoteletts, Schweinefilets eignen sich auch zum Braten am Spieß. Sie werden nicht auf der hohen Flamme gebraten, sondern über der Glut geröstet. Den Hecht bereitet man gut vor, kerbt ihn ein und salzt ihn gut, dann wird er auf eine Gerte gezogen und à la „Steckerlfisch“ in München geröstet. In Norddeutschland wird man auch hier und da Gelegenheit haben, Krebse zu erstehen. Man lasse einen großen Kessel mit Wasser und viel Salz und etwas Kümmel (falls man solchen mithat) gut kochen und werfe einen nach dem andern der Kruster (das Wasser muß dazwischen immer wieder kochen!) hinein. Ist der letzte Kruster drin, so stellt man den Topf an den Rand des Feuers, daß das Wasser nur noch leise zieht. Die Krebse müssen mindestens $\frac{1}{2}$ Stunde so stehen, dann sind sie erst saftig und wohlschmeckend. Beim Kochen überhaupt ist es nicht nötig, daß das Wasser wie in einem Hexenkessel springt und siedet. Das gibt nur Malheur. Es genügt durchaus, wenn es ganz sacht brodelt. Besonders Fische sind sehr empfindlich und fallen bei heftigem Sieden auseinander. Sowie das Wasser kocht, schiebe man den Topf an die Seite und lasse sie nur noch sachte eine Viertelstunde ziehen.

Lange vor dem Antritt einer Reise wird ihr Leiter zusammen mit dem Smutje sich einen Plan für die Verpflegung aufstellen. Dabei muß, wie oben schon erwähnt, nochmals betont werden, daß die vielbeliebten Konserven, die bei vielen Unerfahrenen eine große Rolle spielen, nur in Notfällen verwendet werden sollten, mit Ausnahme der eingemachten Früchte, die der Verdauung bei der meist mangelhaften körperlichen Bewegung nachhelfen müssen. Ein gewisser eiserner Bestand an Fleisch- und Gemüsekonserven muß natürlich vorhanden sein. Es genügt aber, wenn solche für zwei bis drei Tage ausreichen, man hat ja heutzutage Gelegenheit, in jedem kleinen Flecken diese Blechbüchsennahrung zu ergänzen.

An sonstigen Vorräten wird die Mitnahme einer hinreichenden Menge Kartoffeln empfohlen. Es klingt zwar lächerlich, doch oft ist es sehr umständlich und zeitraubend, in Dörfern auf die Kartoffeljagd auszugehen. Sicher ist es gerade Sonntag, und man stößt bei seiner Nachfrage auf verdrießliche und abweisende Gesichter, da niemand Lust hat, sich mit dem Herausholen oder Abwiegen der schmutzigen Kartoffeln zu beschäftigen. Sie bilden aber, wie oben gesagt, eine unerläßliche, merkwürdigerweise von vielen Wanderseglern völlig vernachlässigte „pièce de resistance" für die Hauptmahlzeiten und können auf die Dauer weder durch Reis noch durch Erbsen oder dergleichen ersetzt werden.

Ferner gehört, wie gesagt, zum täglichen Gebrauch ein ordentliches Ende einer gut durchgeräucherten Speckseite. Butter wird in den heißen Tagen sehr leicht ranzig, auf dem Lande ist sie auch nicht immer in der nötigen Güte zu haben.

In einer häckselgefüllten Kiste wird ein Schock Eier eingepackt und immer nach Möglichkeit ergänzt. Anfänger glauben, daß man solche „auf dem Lande" in hinreichender Menge und zu billigen Preisen kaufen könnte. Wer aber einmal stundenlang ein ganzes langes Bauerndorf abgeklappert hat, um als Ergebnis drei nach vielem Suchen und Betteln ergatterte Eier, in der Seglermütze sorglich verwahrt, an Bord zu schleifen, der wird die Zweckmäßigkeit anerkennen müssen.

Um für die notwendige Abwechslung zu sorgen, muß der Smutje die erforderlichen Gewürze und Zutaten haben und über ihre Verwendung orientiert sein, sie sind wohlgeordnet in Porzellandosen mitzuführen. Eine andere wasserdichte Kiste enthält die verschiedenen Suppen in Würfelform, die als Zugabe und Aushilfe sehr willkommen sind.

Was die Mitführung von Alkohol anbelangt, so haben wir uns niemals mit der Mitnahme von Bier befaßt und dieses in keiner Weise vermißt. Statt dessen haben wir lieber unseren Tee mit

Zitrone durch einen spritzigen Mosel verdünnt, den man ja auch allein trinken kann, und der schließlich an kalten Abenden mit Zuhilfenahme eines geringeren oder größeren Quantums Rum sich zu einer gediegenen Feuerzangenbowle steigern läßt.

Alle diese Vorschläge richten sich nach der Dauer der Reise und dem Geschmack der Mitsegler. Wer, wie ich, eine vierwöchige Reise mit drei Kadetten unternahm, der muß, was Essen anbelangt, mindestens das Vierfache an Verpflegung rechnen, was er bei gewöhnlichen Sterblichen gebraucht hätte.

5. Zeltleben.

So sehr ich auf der Fahrt selber aus früher erwähnten Gründen das über dem Boot aufgespannte Persenning dem Aufbau eines Zeltes am Lande vorziehe, so angenehm zeigt sich dieses bei einem längeren Verweilen in einer schönen Gegend: als Mittelpunkt und Heim der Wanderseglerfamilie. Hierbei habe ich natürlich nicht das aus zwei kleinen Zeltbahnen aufgespannte niedrige Kartenhäuschen im Sinn, sondern ein Zelt mit Stehhöhe und gutem Innenraum. Dabei können Mannschaftszelte gute Dienste leisten.

Als meine Truppe im Frühling und Sommer 1916, zu einer Eingreifdivision gehörig, dauernd hinter bedrohten Stellen der Front hin und her geschoben wurde, bekam ich das Quartiereinrichten in den leeren und verlausten Häusern bald satt. Aus 16 Mannschaftszelten, die immer zusammengeknöpft blieben, wurde ein geräumiges Zelt gebaut, die Zeltstangen in den Ecken, oben ein Stangenkreuz als spreizendes Querstück, auf dem in der

Mitte eine kurze Stange die Spitze des Zeltes trug. Das Mobiliar bestand aus einem Feldbett mit Schlafsack darauf, Koffer, Tisch und zwei Stühlen. Sehr angenehm war ein dicker Teppich als Fußbodenbelag, der in irgendeiner Form stets vorhanden sein sollte. Die Vorderfront des Zeltes wurde am Tage hochgeklappt und gab, auf zwei Stangen gestützt, die schönste Veranda. Zwanzig Schritt davon hatten die Burschen ein ähnliches Zelt mit einem Herd dabei errichtet. So hatten wir von Mitte Mai bis Anfang Juli, wo die Division bei Baranowitschi den Durchbruch der Russen auffangen und diese in ihre Linien zurückdrängen mußte, ausschließlich bei Mutter Grün gewohnt. Sowie wir aber nach sechs Wochen aus der vordersten Linie abgelöst wurden, stand auch schon irgendwo am Waldesrand unser kleines Zeltlager, bis uns zu unserem großen Bedauern die herbstliche Kälte in die Häuser trieb.

In der Tat lebt es sich ganz herrlich im Zelt. Die frische Luft, ohne Zug, der Aufenthalt an selbstgewählter lieblicher Stelle, die Stille und Abgeschiedenheit sind überaus schätzenswert.

Allerdings ist es nicht einfach, immer einen passenden Platz zu finden. Niemals auf einer Wiese, das gibt immer einen feuchten Aufenthalt, zumal in nebligen Nächten, lieber im lichten Wald auf einer Blöße oder einem Gestell. Möglichst oben am Hang, so daß man Aussicht auf See und Flur hat praktisch baut man den Haupteingang nach Südwesten, so daß die Nachmittagssonne prall hineinscheint. Des Abends genießt man den Sonnenuntergang, da man den Sonnenaufgang zumeist doch verschläft. Wer an der Front gewesen ist, der weiß ja auch, was noch dazu gehört: auf einem Erdblock, der aus einigen Ziegelsteinen gerichtet wird, hinterm Gebüsch die (sit venia verbo!) Latrine. Ein Erdloch für die Getränke, falls man nicht vorzieht, sie nach guter Seglersitte im Wasser zu kühlen.

Das gibt die schönste und billigste Sommerfrische. Alle paar Tage segelt einer von dem Lagerplatz nach dem nächsten Ort, um Fleisch, Brot, Eier und dergleichen zu holen. Der Rest vergnügt sich mit Baden, Angeln, Beerensuchen, Holzhauen. Und wer gar keine Beschäftigung findet, der legt sich auf ein paar Kissen und läßt sich die Sonne in den Hals scheinen, und wird sie zu heiß, muß er alle halbe Stunde über Stag gehen.

Aber auch mit dem Zelt muß man umzugehen verstehen. Da kauft sich einer ein Zelt, läßt sich alles genau zeigen, bekommt vielleicht auch eine gedruckte Gebrauchsanweisung mit und segelt los. Gegen Spätnachmittag kommt ein Gewitter auf, rasch ans Ufer, sowie die ersten Böen drohen: „Zelt raus!" Nun geht das Aufschlagen los! Einer verwechselt die Zeltleinen, es ist kein Beil da, um die Heringe (kleine Haltepfosten) in die Erde zu keilen, die Leinwand liegt falsch herum, sodaß die Ösen innen sitzen, die Zeltstöcke passen nun nicht, Gebrauchsanweisung raus! Ja, wo steckt die, einer kramt eifrig in den Schiffspapieren, derweilen jagt der

Abb. 21. Amerikanisches Spitzzelt ohne Stangen.

erste Stoßwind heran und die ersten dicken Tropfen mahnen zur Eile; schließlich kriecht alles unter die schon durchnäßte Leinwand und flucht auf das Zelt und seinen Erfinder.

Keine Märchen, nur Selbsterlebtes und Selbstgesehenes wird hier erzählt. Daher nehme man vor Beginn der Wanderfahrt an einem schönen Sommertage das neuerstandene Zelt heraus, suche sich einen passenden Platz und schlage genau nach der Anweisung das Zelt in aller Ruhe auf und wiederhole dies des öfteren. Das Zeltaufschlagen muß genau so klappen wie ein Schiffsmanöver; jeder hat seine Aufgabe und muß darin Bescheid wissen. Schließlich wird man eine solche Übung im Aufbauen erreichen, daß in

Abb. 22. Trapperzelt.

wenigen Minuten das Zelt sicher dasteht. Auch die Standfestigkeit ist wesentlich. Es gibt kaum einen ergötzlicheren Anblick, als zu sehen, wie eine Gewitterbö die schlecht eingeschlagenen Heringe herausreißt und das ganze Zelt plötzlich über den erstaunten Insassen zusammenbricht, die dann schimpfend im Regenguß die wütend peitschende Zeltwand wieder aufzurichten bemüht sind.

Aber das sind Kleinigkeiten, die sich bei einiger Sachkenntnis und Sorgfalt wohl vermeiden lassen. In Amerika ist das Zeltleben (camping out) längst eine in allen Volkskreisen sehr beliebte Art der Sommerfrische, die auch bei uns an den Ufern unserer wundervollen Seen und Ströme viel mehr in Aufnahme kommen sollte. Natürlich muß man sich einen recht idyllischen Fleck suchen. Aber doch nicht zu abgelegen. Eine in mehrtägigen Rasten unternommene Fahrt muß vor jeder Rast einen Ort erreichen lassen, wo man frisches Fleisch und Brot erhält und seine Post (falls es ohne die nicht geht!) abholen lassen kann.

*   *   *

Hierher gehört eigentlich ein kurzes Kapitel über das Angeln, denn unsere abgelegenen Gewässer sind so fischreich, daß der Fachmann ohne große Mühe seinen Tagesbedarf herausholen kann. Hier nur einige Anhaltspunkte. Für unsere Segelgewässer kommt nur die Grund- und die Spinnangelei in Frage. Bei der Grundangelei sollte man sich auf den Fang des Barsches beschränken. Mit seiner gefräßigen Gier ist er so recht für den Auch-Angler geschaffen. Man fängt sich mit einem kleinen engmaschigen Netz, das auf den Grund gesenkt und nach einer Weile gehoben wird, ein Dutzend kleine Gründlinge, befestigt diese Köder dicht unter der Rückenflosse an Haken und angelt am Schar, d. h. an der Stelle, wo der Grund steil abfällt. So wird man leidlich große Barsche fangen. Je tiefer das Wasser, je größer der Barsch.

Diesen Fisch fängt man ebenso wie den Hecht in größeren Exemplaren auch mit der hinreichend beschwerten Spinnangel. Sie besteht aus einem Spinner, d. h. einem rasch rotierenden Fischlein aus Nickelblech, das mit einigen Drillingshaken armiert ist, und auf etwa 40—50 Schritt hinter dem in mäßiger Fahrt gehaltenen Boot geschleppt wird. Ein Mann hält die Angel und hat vor sich ein in großen Windungen („Klängen" nennt es der Angler) aufgeschossenes Stück Angelschnur liegen, um einem, sich heftig wehrenden großen Fisch rasch nachgehen zu können. Spürt man einen Anbiß, so wird mit einem kurzen Ruck angehauen, damit der Haken in den harten Gaumen der Mundhöhle eindringt. Dann beginnt je nach der Größe der „Drill" des Fisches. Wollte man einen wehrhaften Hecht sofort herausholen, so würde er die Schnur sprengen. Es ist aber eine Eigentümlichkeit des an sich sehr kräftigen, aber nur schwach durchbluteten Fischmuskels, daß er verhältnismäßig rasch erlahmt. Er macht nach dem Anbiß zunächst wilde und viele Fluchten, wobei man ihm Leine geben muß, ohne aber jemals die Fühlung zu verlieren! Allmählich wird er schwächer, dann erst hole man ihn heran. Das Unterfangnetz, auch „Käscher" genannt, liegt bereit und sowie er dicht hinter dem Boot — nie soll man den Fisch breitseits des Fahrzeuges heranholen, sonst geht er drunter durch — die weiße Bauchseite, ein Zeichen der Ermattung — zeigt, fahre man unter und raus! Wer allerdings bei einer Fahrt von 6—7 km die Spinnangel heraushängt, der darf sich nicht wundern, wenn ihm beim ersten „Hänger" an einer Wasserpflanze der Spinner samt dem Vorfach abreißt. Nur bei ganz langsamer Fahrt, sodaß gerade noch Ruder im Schiff ist, kann man auf einen Erfolg rechnen.

Fischkochrezepte können wir hier nicht bringen, wir wollen nur erinnern, daß Fische beim Kochen sehr viel Salz brauchen und daß sie beim Braten recht knusprig sein müssen. Solche frisch gefangene Seebewohner schmecken ganz anders, als die abgeängstigten halbtoten Fische, die man in der Stadt bekommt. Und lockende Bilder steigen auf, wenn man am Waldesrand um die pruzelnde Bratpfanne lagert, blauer Rauch kringelt zum Abendhimmel; ein ordentlicher Köhm kreist zur Vorbereitung, dann teilt der Smutje die köstlich duftenden knusprigen Bratbarsche aus: „O Welt, wie bist du so wunderschön!"

6. Ein bißchen Wetterkunde.

Aufmerksame Augen im Kopf und ein Barometer in der Tasche sind die besten Wetterpropheten. Im allgemeinen muß der Binnensegler ja nicht in dem Maße auf Wetter und Wind bedacht sein, wie der Seesegler auf kleiner Yacht. Weht es stark, so werden ein paar Reffs eingelegt, kommt eine Gewitterbö, so kriecht man im Schilf unter, regnet es, so zieht man sein Zelt hoch und die Tabakspfeife raus.

Aber hier und da ist es doch nötig, sich mit den Wetterverhältnissen näher zu befassen, denn es geht auch mal über größere Flächen: Haff, Spirding, Müritz, Fleesen-, Kölpin-See und andere mehr. Der Unterschied zwischen dem Seesegler liegt darin, daß dieser draußen ist und sich mit dem Wetter abfinden muß, während der Binnensegler bis zu einem gewissen Grade die Unbilden des Wetters vermeiden kann. Die häufigste Sommererscheinung mit starken, oft stürmischen Winden ist das Gewitter. Schon an seinem Äußeren erkennt man, was drin steckt. Hochgetürmte schneeweiße Wolkenhügel mit tiefschwarzem Grunde bringen meist schwere Böen aus derselben Richtung. Beachtenswert ist, daß das Gewitter zunächst den Wind ansaugt. Setzt dieser Gewitterwind ein, so wird es Zeit, sich nach einem Unterschlupf möglichst auf der Luvseite, d. h. auf der Seite, von der das Gewitter kommt, umzusehen. 95% aller Gewitter ziehen von Westen nach Osten.

Vor einer gleichmäßig dunkelgrauen Regenwand kommen kleine weißliche Wolkenfetzen angezogen, der „Böenkragen". Rückt dieser heran, so ist es Zeit, die Segel zu bergen. Man muß also vorher die schützende Stelle erreicht haben; gelingt dies nicht, so heißt es: „Anker raus und Segel runter!" Im nächsten Augenblick kann die erste Bö einhauen, und gleich darauf wird der Regen wie mit Gießkannen herunterschütten. Vielfach ist es möglich, das Herankommen der Bö an dem von der Landstraße aufgewirbelten Staub, dem Neigen der Bäume oder des Rohres zu beobachten.

Unerfahrene Segler warten meist zu lange bei dem Suchen nach Schutz und mit dem Verkleinern der Segel, dann ist die „Verschmetterung", wie der Berliner sagt, da. Lieber ein paar Minuten zu früh die Segel in Ruhe heruntergenommen, gut fest gezurrt und das Zelt übergezogen.

Im übrigen sei bemerkt, daß steife westliche Winde — wenn nicht gerade schwere barometrische Störungen vorliegen — meist gegen Abend abflauen, des Nachts oft aussetzen, um mit steigender Sonne wieder aufzuleben. Wer also mit einem kleinen Fahrzeug größere Gewässer, Haff, Müritz usw., überqueren will, der mache sich auf, sowie er am Spätnachmittag ein Abflauen des Windes bemerkt. Er wird dann bei dem morgendlichen Auffrischen der Brise meist in Schutz sein. Östliche Winde pflegen ebenfalls mit Sonnenuntergang stiller zu werden, ohne aber ganz abzuflauen, nach Mitternacht frischen sie wieder auf bis gegen Sonnenaufgang. Sie werden oft recht steif, aber tragen seltener stürmischen Charakter.

Im übrigen gehört dieser Kampf mit den Elementen, ihre stete Beobachtung ja mit zu den schönsten Vergnügen des Wandersegelns. Wer ein tüchtiges Boot unter den Fäusten hat, der wird ihn nicht scheuen. Ordentlich weggerefft, alles gut zugeschalkt und mit offenen Augen hinein in die weißkämmigen Wogen: fortes fortuna adjuvat!

7. Die deutschen Gewässer.

So ein rechtes Wanderleben kann der Segler eigentlich nur auf den schier unendlich zahlreichen Seen und Gewässern Norddeutschlands führen. Und dazu muß der liebe Leser, ob er will oder nicht, mit uns etwas Geologie treiben.

Über Norddeutschland lag einst von Skandinavien herüberreichend ein großer Gletscherschild. An seinem Südrand, der je nach den klimatischen Verhältnissen bald vordrang, bald zurück-

78

wich, bildete sich jedesmal ein großer Strom des Gletscherwassers. Der am tiefsten eingeschnittene und in seinem Verlauf nach heute noch am meisten bekannte und befahrene Arm ist der Urstrom, der das Warschau—Berliner Urstromtal hinterlassen hat. Sein Verlauf ging etwa von Warschau über die faule Obra nach der Warthe, durch die Senke des heutigen Müllroser Kanals, die Spree bis Spandau, die Havel von Rathenow ab und Elbtal über Hamburg etwa bis Helgoland.

Unter den Eismassen rieselten die Schmelzwasser zu diesem Tal und gruben sich tiefe Rinnsale dorthin. So entstanden die, etwa von Nord nach Süd zu diesem von SSW nach NNO gerichteten Urstromtal, tiefen Rinnenseen. Daraus erklärt sich der gerade in den Berliner Seen immer wiederkehrende merkwürdige in einem ganz bestimmten Winkel gehaltene Knick, z. B. Dahme und große Krampe und die Havelbiegungen unterhalb Potsdams.

Beim Zurückweichen des Eises sägten sich Teile des Urstromes durch den Damm des Uralisch-Baltischen Höhenrückens eigene Abflüsse nach der Ostsee; es entstand die Oder, dann die Weichsel und zuletzt der Njemen. Das alte Tal wurde immer ärmer an Wasser, die Elbe bohrt sich einen Abfluß nach Mähren und so blieb von dem Urstrom schließlich nur noch ein schwacher Rest in den tiefsten Rinnen.

Aber oben auf der Hochfläche des Uralisch-Baltischen Höhenrückens blieben die Senken sowie die tief eingebohrten Strudellöcher größten Maßstabes voll Wasser. So entstand die Seenkette der Holsteinischen Schweiz, die Mecklenburgischen, Pommerschen, Westpreußischen und Masurischen Seen. Meist sehr flach, an einigen ausgestrudelten Stellen aber wieder so tief, daß ihre tiefsten Stellen weit unter den Ostseespiegel herunterreichen.

Aus dem Charakter dieser einzelnen Gewässer ergeben sich ohne weiteres die dazugehörigen Bootstypen. Wer sich bloß auf den tiefen Rinnenseen (Havel) und Strudellöchern (Müggel) tummeln will, der kann ein verhältnismäßig tiefes Boot benutzen. Wer aber auch die z. T. flachen Gewässer des Uralisch-Baltischen Höhenrückens und die im Sommer wenig Wasser führenden Ströme des norddeutschen Tieflandes bereisen will, der wählt ein flachgehendes Fahrzeug. So spielt hier das Schwertboot die führende Rolle als Wanderfahrzeug bis weit hinunter zur Unterelbe und zu den Haffs.

Nun gibt es Segler, die gern die kleinsten Rinnen passieren, von einem See durch schmale, nicht schiffbare Gewässer zum anderen wandern wollen, mitunter gegen starken Strom. Diese bedienen sich am zweckmäßigsten der auch beim Rudern recht schnellen Segelgig oder des Segelkanus.

Weiter abwärts, wo die Ströme tiefer werden oder die Haffs mit ihrem steilen Seegang in Frage kommen, da können die kleinsten bei viel Wind nicht segeln, dort ist die derbe kleine Yacht am Platze.

Dazwischen lebt gewissermaßen als Universal-Wandersegelboot die wuchtige Wanderjolle. Weit eingedeckt und steif kann sie schon einen gehörigen Puff Wind und Welle vertragen, ihre flache Tauchung macht sie auch auf seichten Gewässern brauchbar, nur ihre Fortbewegung mit Ruder oder Paddel leidet je nach ihrer Form etwas unter Schwerfälligkeit.

Ein rechter Segler will aber nicht nur wandern, er will in erster Linie auch segeln. Und so sollen eine Anzahl Fahrten, die beide Möglichkeiten bieten, hier genannt werden.

Von den großen Strömen eignet sich zur Stromabfahrt für kleinere Fahrzeuge die Weser ab Hannov.-Minden, die Elbe ab Dresden, für größere von der Havelmündung („Havelorth") ab bis Cuxhaven für solche Unternehmungen. Erfahrene Segler segeln von dort weiter über die Watten nach der Weser oder der Eider.

Die Oder bietet stromab für kleine Fahrzeuge von der Einmündung des Friedrich-Wilhelm-(Müllroser)Kanals nördlich Frankfurt a. O., für größere Yachten von Hohensaaten ab ein reizvolles Fahrwasser. Bei ihrer Nord-Südrichtung fällt der auf der Elbe so unangenehme Übelstand fort, daß die in Norddeutschland vorherrschenden westnordwestlichen Winde einem gerade auf den Kopf stehen. — An die Oder schließen sich nach Überquerung des Haffes die zum Teil landschaftlich sehr hübschen Gewässer der Peene, der — viel zu wenig anerkannten alten — Swine und der Dievenow, die durch den Bodden und die benachbarten Seebäder besonders anziehend wirkt.

Eine sehr hübsche Wanderfahrt nach Mecklenburg für drei bis vier Wochen geht von Berlin aus, Havel und Elbe abwärts, bei Dömitz in die — jetzt überall kanalisierte — Elde, diese aufwärts nach Plau über die Müritz und durch die Mecklenburgischen Seen. Havelabwärts wieder bis Berlin.

Weniger beliebt bei Seglern ist die Fahrt nach der an sich so reizvollen Ruppiner Schweiz, deren schönste Reize sich jedoch nur dem Paddler erschließen.

Noch schöner und einsamer sind die Oberländischen Seen zwischen Osterode und Elbing. Man erreicht sie von Elbing über die sogenannten „schiefen Ebenen" oder beginnt die Wander-fahrt, indem man in Osterode sein Fahrzeug von der Bahn zum Wasser bringt.

Das gleiche gilt von den Ostpreußischen Seen, die vor Angerburg im Norden ihre Ausläufer über 100 km nach Süden aus-strecken. Hier ist Lötzen als Ausgangspunkt zu empfehlen, da der dortige Hafen unmittelbar Bahnanschluß hat. Bei Fahrten auf beiden obengenannten Seengebieten muß bei ihrer abgelegenen und einsamen Lage der Proviantfrage besondere Aufmerksamkeit geschenkt werden.

Im Osten sind noch das Frische und das Kurische Haff mit ihren Abzweigungen nach Elbing im Westen und, allerdings nur für flachgehende Fahrzeuge, die Sumpfgebiete und die litaui-schen Elchwälder zu erwähnen.

Im Westen gibt der Niederrhein und seine weit nach Holland hineinreichenden Verzweigungen ein eigenartiges Gebiet, wo der Deutsche auch jenseits der Grenze auf freundlichen Empfang rechnen kann.

Daneben gibt es auch unzählige kleinere Gelegenheiten zum Fahrtensegeln. Steht doch Deutschland nach Kanada und Finn-land an dritter Stelle als bestgeeignetes Gebiet für diesen schönen Sport. Es hat nur allzulange gedauert, bis diese Erkenntnis sich auch nur einigermaßen verbreitete, und auch heute noch ist sie in vielen Kreisen noch gar nicht bekannt.

An Gelegenheit fehlt es also nicht. Ergreife Zelt, Töpfe, Proviant und Schlafdecken und wandere segelnd durch dein herr-liches Heimatland. Du wirst es nicht bereuen.

Schlusswort.

Gewiß wird es auch Leute geben, die unsere Ansichten und unser Büchlein mit verächtlichem Achselzucken und einem leise ge-murmelten „Verrückt!" abtun. Wir wollen sie keineswegs belehren. Wer aber in dieser Zeit sich noch etwas Sinn für Unabhängigkeit und Freiheit bewahrt hat, wer einen Tropfen des Wikingerbluts voll Entdeckersinn und Entdeckerfreudigkeit in sich fühlt, wer wenigstens auf Wochen heraus will aus dem Zwange des Alltags-lebens, aus den Segnungen und dem Krimskrams unserer modernen

Kultur (sprich Degeneration!), dem wollen diese Blätter Freund und Berater sein. Wir wenden uns an die Jugend und die Junggebliebenen unseres Volkes, ob manchem auch der Scheitel schon ergraut ist. Allmutter Natur spendet uns allen überreichlich aus ihrem überreichen Schoße.